聖なる国日本

The sacred mysteries of
ten thousand years

ジェロニモ

幻冬舎 MC

聖なる国　日本

はじめに

私は、古い歴史や神社が好きで全国各地を巡ってきた。日本を何周も周り1000km超の運転も多かったが、不思議と神社を周れば周るほど元気になっていくのであまり苦ではなかったりする。行程を変更して気になる所があれば立ち寄り、旅の途中で情報が飛び込んでくれば行ってみる。同じ場所でも何度か行くと雰囲気がまた違う。そんな風に好奇心の赴くまま日本全国を巡りながら「聖なる国　日本」というブログを書き綴ってきて16年が過ぎた。

日本という国は歴史が深く周る度に発見があり、おぼろげながら見えてきた日本の神聖さや興味深いことを一冊にまとめてみようと、「聖なる国　日本」というブログの書籍化をすることにした。

歴史や神道の専門家という訳でもなく、本は読むのが専門で書いたことなど無かったが、分からないまま素人なりに書き始めた。最初は、ブログの様に聖地・パワースポットの紹介などをする旅行記のつもりで書き始めたのが、いざ書き進めていくとイメージしていたものとは全く違う内容になっていった。

ジャンルで言えば、古代ミステリーロマン風に書かれている。民俗学の伝承なども纏めつつ、日本列島の歴史を遡り、忘れ去られ謎となってしまった事や、封印されてしまった事柄なども解きながら一冊の本にまとめた。

日本の神々は、西洋人が考えた全知全能の神のイメージとは全く趣が違う。

私達の祖先や始祖を神として祭ったのが神社であり、ブッダ、空海、イエス、関羽など、偉人や聖人を神として祭る様に、過去、実際に人として生きてきた八百万の始祖達を後世の人々が「神」として祭ったものが神社だ。そして本来、亡くなった人は皆、生ある人の味方なのだ。
日本には八百万の部族がいて、それぞれ八百万の始祖を祭っていたので海の部族、稲作の部族、製鉄の部族など各部族の象徴が神格化して鎮座されている。そして、人として生きた時代の人格や偉業によってもそれぞれの御神威や神格が備わっていて、その個性に応じて良縁の神、財運の神、国造りの神、旅の安全、安産祈願など御利益があると考えられている。

今の私達の日本人の血となり肉となり骨となり、この国を造りあげてきたご先祖様の世界を偲び繋がるのはとても素晴らしい体験になった。全国を旅していたつもりでも、実は過去を旅してきた様だ。
お参りは「お祖母ちゃんやお祖父ちゃんに会いにゆくつもりで」というが、子どもがやんちゃな参り方をしても、大人が礼儀正しくお参りしても、「よく来たね」と温かい。そんな風に故郷と繋がる様な、ホッとした気分になったり、自分の原点に還り矜持を正す様な、凛とした感覚にもさせて貰える。

ただ、各地を周りながら分かるのは、日本の古典ともなった古事記・日本書紀に書かれている事とは違い地域によって別の伝承があり、それがつい昨日のことの様に息づいているという事だ。

天照大神にも当然、人として生きた時代がある。

岐阜県恵那山でお生まれになり、イザナギとイザナミが天照大神の恵那＝（へその緒）を納めた事がそのまま地名の由来となった。

徳島県の八倉比売神社（御祭神＝大日霊貴）の古文書には天照大神の葬儀について、「伊魔離神が先導し、葬儀委員長大地主神、木股神、松熊二神（天宇受売・手力男神）が葬儀を行った」と詳細が記されているという。

海を越えてやってきた古代渡来人たちの足跡を感じることは多く、それは私達のご先祖さまでもあるが、八世紀に古事記・日本書紀が編纂されると、八世紀以前の流れは統合された歴史の中に飲み込まれていき、なかなか窺い知る事ができなくなってしまった。

私は特に、古い歴史が好きなのだが、日本の歴史モノと言えば、幕末や戦国など何百年か前の所謂

「チョンマゲ物」ばかりで、せいぜい古くても千年くらい前の鎌倉や平安時代がいいところだ。隣の韓国では二千年前の歴史ドラマや紀元前の歴史ドラマなどザラにあるのに、なんて薄っぺらい歴史なのだろうといつも寂しさを感じていた。

なので、全国各地を周りながら、その起源を探るのも興味が尽きなかった。

この数年、巷では日本の最高神が変わるとまで言われる様になってきた。最初に耳にした時はどういう意味か分からなかったが、全国を周り幾つかの流れによって形成されてきた日本という国の成分を知るにつれ、少なくとも四つの分野を知らなければ、日本は理解できないという事が、なんとなくだが分かってきた。

1. 古典（古事記・日本書紀の世界）
2. 諏訪学
3. 縄文
4. スサノオ

その上で、本土日本人・沖縄人・アイヌの三系統を知り、初めて朧げな日本の有り様が見えてくる。たとえそれが不格好に見えても、こうした群生こそが在りのままの日本の姿なのだ。

一つの伝統ではなく、本書では多様性のある歴史や、その起源について様々なことを書いた。ヒミコ、秦氏、ユダヤ、スサノオ、徐福伝説、ピラミッドから、縄文時代まで、記述したのは古代ミステリーらしく荒唐無稽な話もあり、統一感は無く今更といった話も多い。その統一感の無い世界こそが日本のリアルであり、角度を変えてスポットを当てて日本列島に抱かれてきた様々な人々を、マイノリティーも含めて取りまとめてみた。

一章ごとにテーマが変わっていくが、全章を通じてワイドな歴史のダイナミズムを感じられ、読むことで少しでも価値観が広がって頂ければ幸いに思う。

〜「古事記・日本書紀には無い深淵な世界観の古代ミステリーロマンとしてお読み下さい。」

２０２３年10月19日
ジェロニモ　精神保健福祉士／ヒプノセラピスト

謝辞

書籍化にあたって、ご縁を頂いた幻冬舎様とそのスタッフ方とサポートに、本書を開いてくれた読者の方との出会いに感謝いたします。

目次

第Ⅲ章　宗教政策史と人の心理――43

第Ⅳ章　最後の卑弥呼――65

第Ⅸ章　縄文人封印の謎――155

第X章　縄文人消滅の謎

第XI章　真・縄文世界

第Ⅰ章

女性は神々と繋がる神聖な存在

子宮とお宮

子宮には「宮」という字が使われている。日本の神社の中でも特に皇統・皇室に関わりのある神社などにも神社でなく「神宮」という尊称が用いられ「宮」という字が使われている。神社という名称で祀るのは日本独特だが、宮・社・堂・廟など祀る場所の名称は、日韓中ほぼ共通で、宮はその中でも神聖なる存在、王や神、高貴なる者の特別な存在の坐す所だ。

明治神宮、八幡宮、伊勢神宮、阿房宮、故宮、天后宮、ポタラ宮、景福宮と日韓中ともに「宮」という字は全て特別な存在の居場所に対して使われている。当たり前のように慣れ親しんでしまっているが、「子宮」という言葉に貴種の居場所を示す「宮」という字が使われているのはなぜだろうか？

それは、聖なる存在＝子どもという貴重な存在を宿す大切な「宮」だからだ。

ただ子どもを宿すだけの臓器ということであれば「胎臓」という言葉で事足りる。だが子どもはみな神の子であり、神の子を宿すからこそ「子宮」と言う神聖な存在を宿す言葉となる。現代人には思いもよらないほど、古代では神の子を宿す女性は神聖な存在として敬われていた。至極当たり前のことだが、人間は皆女性から生まれてくるからだ。大きな命の円環の中で、「神の宮」と「神の子を宿す宮」＝子宮は存在している。宮という字の「呂」は部屋が二つ繋がっている状態を表すらしいが、呂という字には「大切なもの・貴重なもの・人の根幹を成すもの」という意味があるそうで、そう考えると「呂」という字も、部屋ではなく母と子が繋がっている妊婦さんにも見えてくる。

「うちの子」という言葉も現代の私たちは当たり前に使っているが、遥か古代において子どもはうちの子ではなく、全て「神様の子」だった。親たちは、神様の子を預かって育てていたのであり、子どもは親や家に属する存在ではなかった。

考えてみれば、男性が「うちの嫁」と言うのも失礼な言い方で、決して所有物の様に思っている訳ではないだろうが表現としてはそういう意味にもとれる。子供に対しても同じ様な意味合いで『子どもの人権宣言』では「供」という親に供われ従う存在という表現をせず、「子ども」とひらがな表記になっている。

嫁＝女の家は、女性を主人として迎えた家であり「家の女」という家に属する存在の様な意味ではない。古代では、男性の通い婚が常識で「女の家」に男が通う。そして子どもは里で大切に育てられ、女系社会では必ず戸主や首長は女性がなった。婚姻し相手の姓になる時も母方の姓を継ぐ。そもそも「姓」と言う字は、どの女性から生まれてきたかを示すものだ。

聖地巡礼は女性の役割

私は神社巡りによく行く。年に、百社、二百社と周るが御朱印集めをしているという訳でもなく、神社や杜の凛とした雰囲気が心地よく、山頂の奥宮や小さな里宮まで、方々の神様にお参りに行く。日本人の八百万の祖神様たちが、神として祭られている空間そのものが好きで、故郷の様でもあり、千年二千年と祭られてきた古い歴史を感じられるのがいい。本書と同じ「聖なる国 日本」というタイトルでブログを書き始めたのもそれがきっかけで、どこかへ行く度に、必ず日本の良さを深々と感じてくる。

神社に行く人は、病気快癒や安産祈願、良縁やご利益を求めてとか、御朱印集めになど理由は様々かもしれないが、何処の神社に行っても参拝客は比較的女性が多く、男性は「連れて来られました」「運転手で来ました」感が漂う人も多い。宮と女性の関わりは本能的に繋がっているのかもしれない。「目に見えないことを信じるなんて愚かだ」と、男性がぶつぶつ文句を言いながら歩いているカップルを見かけたことがあるが、信じるというよりもっと感覚的に纏っている様なものではないかと思う。信仰に関わらず、神社は私達にとって身近な存在で、自治会館、消防団、幼稚園があり、婚礼があり、お祭りがあり、既に日本人のコミュニティーの中に自然に溶け込んでいる。

日本には、古くからユダヤ人渡来説というものがあって、ユダヤと日本神道の驚くべき共通点が説かれている。しかし、ユダヤ渡来に限らずアジアでの民族や文化の移動は常に「西から東へ」が多かった為、日本には古来からの西方の習慣も残る。

いつの頃からか分からないが、西方では聖地への巡礼が女性の役割だった。昔の人々にとって子どもは皆、自分たちの子ではなく神様の子で、七歳になるまで神様からあずかって育てていた。母親は定期的に「あずかっている子をちゃんと育てていますよ」と神様の子を見せにいき、その子が七歳になると母親は子どもと共に聖地巡礼の旅に出かけた。そして、あずかっていた神様の子を七歳まで無事に育てたことを報告し、そこで晴れてその子は人間の子になる。誰もが知っている七五三だが、その起源はあまり知られてはいない。

今では、本来の女性の神聖さや、子どもの大切さも忘れ去られてしまっているが、男権主義の中で痛ましいことがあり、不条理な世の中で本来の神聖さが穢されてしまったとしても、神聖な存在である事に変わりはない。本来の神聖さを思い出して、昔以上に育んでいく時が来ている。

古代の母系社会

古代アジアの男権主義は紀元前の中国から強まってきた。「仁義の害」とまで言われた儒教的な常識が蔓延《はびこ》って「貞婦二夫にまみえず」などと女性の貞操が強要され、離婚を悪として、女性の立場は女系社会とは随分と変わってしまった。

中華民族は男系社会（ウル）で、王の世襲も男性の血統が代々継いでいくのに対し、遊牧民族や和国など血統を神聖視する民族は母系社会（ハラ）で、代々女性の血統を大切に守っていく習慣があった。人間は女性から生まれたという本来のアイデンティティーを大切にしているだけで、子どもを産むことが礼賛されていたという訳ではない。王家にあっても女王の血統が主軸であり、たとえ王が亡くなっても女王はそのままで次々に新たな婿をとり王にしていく。この習慣は中国以外の古代アジア民族には比較的多かった様で、女系軸はブレずに夫が代わっていった。母が王統であれば父親が誰であったとしても、必ずその子どもは王の血統を継いでいる。そうして代々、血統聖母の様な女性たちが王統を継いできた。もしも、正当な王統ではなく、簒奪者や新たな支配者や権力者が王位についたとしても、また婚姻し王統をついでいく。そして、遊牧民族はどんなに乱れようとも必ず同族の者を王に立てた。

王家に皇女がいなくなってしまい、王子だけで子を産めなくなると、他の王家から女性にきて貰って家を継いで貰う。婿養子に家を継いで貰うという私達が常識だと思っている世界とは、真逆の世界だ。婚姻を表す「嫁ぐ」という言葉も「戸継ぐ」ということで、女性にその家の戸主を継いで貰うということだ。母系社会というより、母敬社会と言っても良いかもしれない。今でも「母国」というのもその流れだろうか。

（釣ヶ崎海岸 玉前神社元宮・神洗神社海の鳥居）

日本でいつの時代から男権主義が始まり定着したかは分からないが、少なくとも三世紀のヒミコ女王の時代には、別の男王が存在し、女系から男系への移行は始まっていて、七～八世紀頃に女性の天皇が続いた時代からは完全に男権主義になっていった。

千葉県一宮町のオリンピックのサーフィン会場にもなった釣ヶ崎海岸には玉前神社の元宮である神洗神社の海の鳥居があり、玉依姫ら女系集団が上陸したという伝承が残る。九州の種子島にも玉依姫が米を伝えた伝承が残るが、１５００㎞も離れた千葉まで移動したという事は、或いは和国女系集団の最後の地だったのかもしれない。

今の日本は、世界百四十四カ国中「男女格差社会が最も酷い国」ワースト１に連続して選ばれるほどの国になってしまい、現代の日本人男性の価値観では本来の女性の神聖さは容易に受け入れ難いのかもしれないが、もう価値観のブレイクスルーは起きなければならない。女性の天皇、女性の宮司、かつて女性の役割であった事にも、日本古来の大切な神聖さが存在している。女性の母性や神聖さを、力強く男性が支えた太古の世界に戻るという訳ではないが、因習に囚われて男権主義で抑え込んだりするのを止めれば、人類の未来は素晴らしい。

現代人からすれば古代は非常識な世界であり、常識を外して考えなければならないが、「末子相続や女系相続は有り得ない。」という現代人の色眼鏡をはずして、古代の人々を知ろうとする人は少ない。古事記・日本書紀という「古典」の世界から抜ける事自体も難しいが、次章からはそうした古典分野の世界観から抜け出しながら話を進めていく。

第II章

アジア世界の亡命地
日イズル国

アジア世界の果て、亡命地だった日イズル国

ヤマト王朝の渡来説がかなり広がってきたことで今では万世一系と言う建前的な考え方ではなく、日本の王朝は何王朝か存在していたと考える方がよりリアルになってきている。正史の世界では、初代天皇から一系の王家が代々続いてきたとされてきたが、巷説の世界では「中大兄皇子は百済王子のキョギである」とか、天武天皇は高句麗のヨン・ゲソムンなど、王統は幾度となく渡来人による政権交代があったことが知られている。

今はまだこれらを歴史として学ぶことは難しいが、古事記・日本書紀は無いものと思って、こうした表側では知られてこなかった歴史の裏側について一度まとめてみたい。

八世紀の日本人が、それ以前の歴史に存在した八百万の始祖たちを、古事記・日本書紀という二書に纏め王家を「万世一系」としたのは見事という外ない。現代の私達でさえ、彼らが創作した日本神話というファンタジーを信じている。それだけに逆に一系にぎゅっと纏めた歴史を解きほぐし、この国をつくり上げた何系もの王たちの興亡を理解するのは至難の極みだ。万世一系に固まった頭を解したとしても、容易には受け入れがたい事ばかりだが、理解を超えた言葉に耳を塞いでいたのでは、いつまでも真実に近づくことはできない。

一系で無いなら、日本の王達はどの様な系譜を辿ってきたのか？

まず、アジアの系譜を受け入れる日本列島について考えてみる。一万年以上前から日本列島に住んでいた先住の縄文人以外の祖先は、弥生時代～古墳時代に海を渡ってやってきた。古代アジア世界で、国を滅ぼされてしまった王族や民族は大国や強国の少ない東アジアに逃げることが多かった。

中国で動乱がある度に、中国江南や朝鮮半島から日本列島目指して人々が逃げてきた。紀元七世紀頃までの日本列島は、その様にアジア世界の王族や貴種の亡命先、移民の入植地としての役割を担っていた。七世紀後半に新羅の文武王が和国へ渡来したのを最後に、それ以降は和国でなく『日本国』という強い国が建国され、海上に強い国境線を引き日本列島はアジア世界の貴種や王族の亡命先としての、長い役割を終えた。

エジプト・ヨーロッパと接している西アジアは、東アジアとは比べものにならない程、定住が難しい争乱の地で、常に移民や難民、戦争捕虜など強国の犠牲になる人々が絶えない激戦地だった。勝てなければ、奴隷民族として生きるか、西アジアから逃げるか滅亡しかない。選択肢がなく、世界の果てにあるという、遥か東の日イズル島へと救いを求めた人々も少なからずいた。日本人にしてみれば、遠い西アジアから苦難の道を越えてくるなど信じがたい面もあるが、王族達はその血統を絶やさぬ様にいつか国を再建することを夢見て、世界の果てにあるという日イズル国へ、東海にある「日本列島」

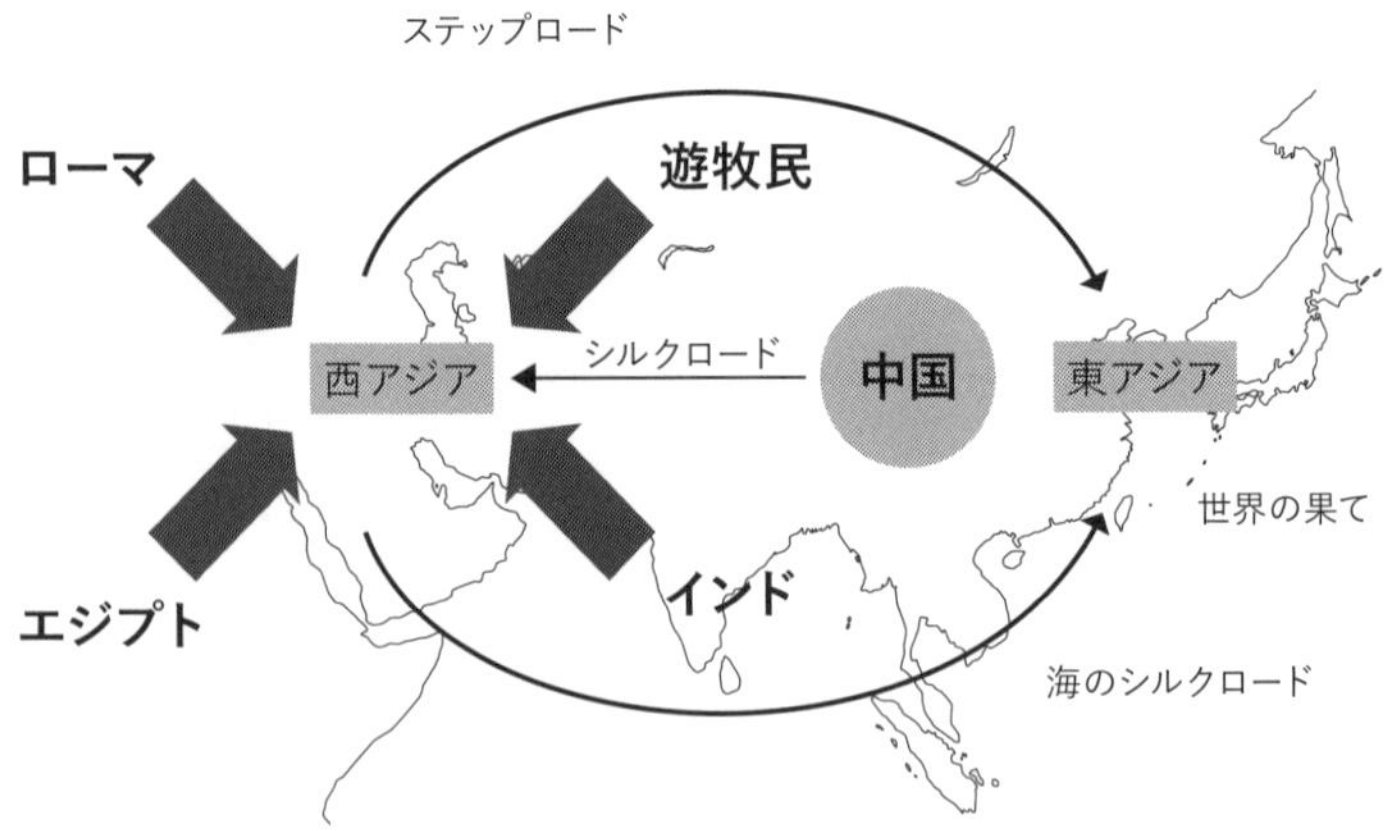

（大文明の世界と、世界の果て日本）

を目指して逃げた。

言ってみれば、古代アジア世界の失われた王族達の血統は、私達日本人が受け継いでいる。新しい文化や技術を携えてきた人々は職能集団として帰化することができ、先住者側も新たな大陸の知識や技術を渡来人と共に取り入れていった。高句麗の若光王が関東の高麗郡主となり東国の開発を行った様に、次々と渡来してきた人々によって国土と殖産が開かれてきたのが、日本列島が抱いてきた歴史だ。

古代アジア世界の渡来ルートには、北アジアに広がる草原地帯（ステップロード）を抜けてアジア東岸から日本海を渡り日本列島に至る北ルートと、南アジアから、海のシルクロードの季節風・黒潮に乗って南西諸島を通過して日本列島に至る南ルートがある。

草原地帯（ステップロード）を抜ける北ルートは

勇猛な遊牧民族が支配するエリアだが、遊牧民は土地に縛られることなく常に移動していた為、強力な城壁や城塞が道々築かれていたという事はなく、距離を除けば比較的移動は可能であった。

アジア東端の高句麗は逃げてきた部族達とは万度戦わず、自国に有利なら取り込み、或いは味方となり朝鮮半島や日本列島へ送り出していき、次々と新しい部族が流入してくる日本列島や朝鮮半島は一枚岩に固まる事がなかった。

弥生時代は朝鮮半島が中国の勢力下になった事で半島から亡命してくる王族が多く、魏志倭人伝にも三世紀頃の和国は百余国の大乱と記されているとおり、日本に統一された大王朝はなかったが、支配階級の南下に従い、朝鮮半島は百済、新羅と王朝建国ラッシュが続き、日本列島もその影響を受け、次々と渡来してきた強者どもが日本を統一していった。

そして六世紀頃からは、西アジアのとんでもない大物の渡来が続く時代に突入する。特に六世紀の継体天皇は、巷説のみならずアカデミズムからも「別の王朝では？」との声が出るほど極めて特殊な存在で、後述する五世紀～六世紀で詳しく綴る。

日イズル国の天子と金印の謎

古代日本は中国から二回も金印を授かっている。福岡県の志賀島で発見された「漢委奴国」の金印と魏志倭人伝に記される和国の女王ヒミコへの金印だ。通常、朝鮮半島や東アジアの国々の諸侯には銀印か銅印しか贈らない。高句麗や百済・新羅でもなく、何故に辺境の島国に王侯以上にしか許されない「金印」をわざわざ送ったのか？

単純に「日本凄い！」と考えたいところだが「日本がそれだけ認められていた国だから」では根拠が無い。日本の何がそんなに凄かったのだろうと、疑問に思う方もいるはずだ。

「福岡の志賀島の大王は中国に侵攻し、圧勝したので中国は侮ることができなかった」など、せめて古事記・日本書紀に強大国日本のエピソードが残されているならまだ納得するが、金印を拝受した王の名前すら出てこないのだ。ましてや金印を拝受した王は日本を統一している大国の王でもなく、九州の中の一カ国の王でしか無い。「金印」を贈るのは、東西南北で一カ国ずつ程度で、下手に弱小国に贈れば中国の威信を損なうだけでなく、トラブルの種になる。日本に贈るには相当の理由があったのだ。ヒミコも志賀島の王も、中国が「金印」を贈るに値する大人物で、周辺国もそれを知っていたからに他ならない。そして、それが日本の歴史の中に唐突に登場するのは亡命者だからだ。

中国を統一した隋の皇帝に「日イズル処の天子から、日沈む処の天子へ」と、国書を送った聖徳太

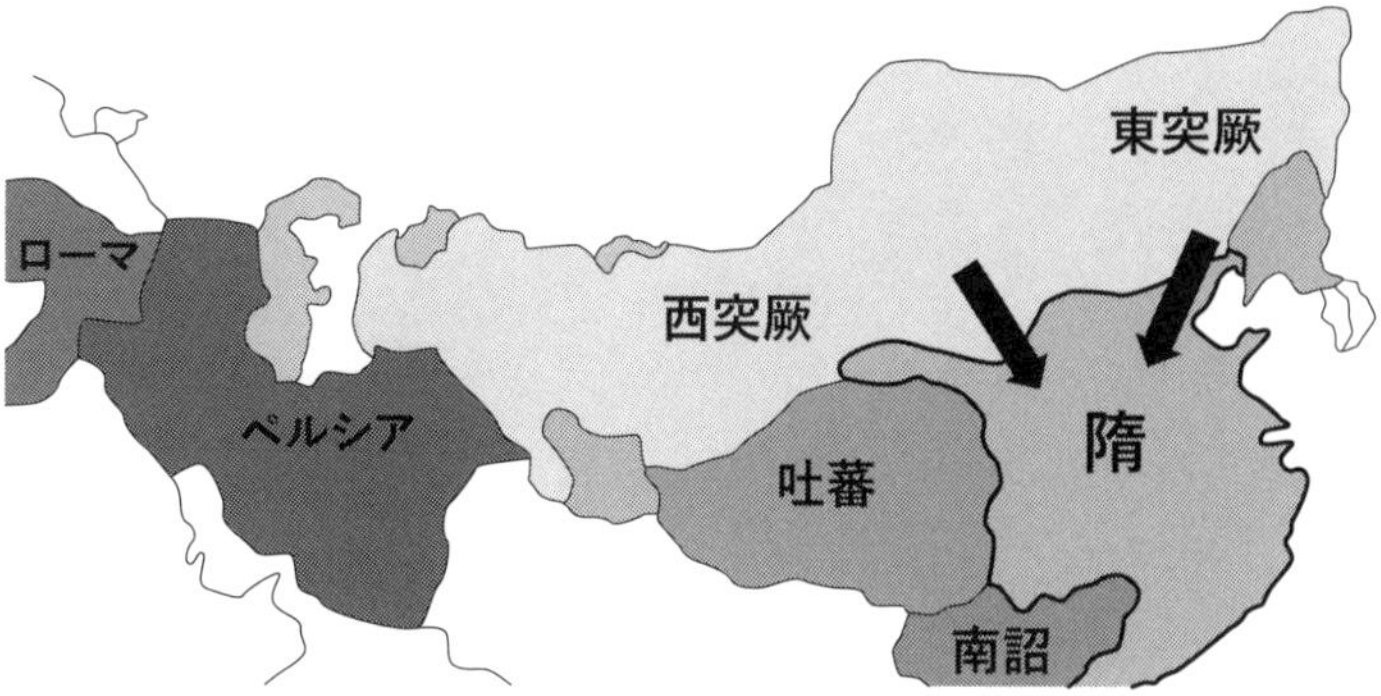

子もそうだ。中国皇帝に対等なもの言いをしてきた和国に対し、中国皇帝の煬帝は「使者を殺せ」と怒ったが、高句麗との戦を控え和国の助けが必要だった為に機嫌をとって許した事になっているのだ。本当にそうなのだろうか？

否。

隋の皇帝煬帝は恐れを知らない残虐な王で知られている。好戦的で何度も高句麗を攻め、世界に名だたる暴君であり、容赦のない蜥蜴《とかげ》の様な王だった為、本名の楊帝ではなく火を焙る意味の「煬帝」と呼ばれたほどの王が、たかが周辺の小国一カ国の助けが欲しい為に大国の威信を捨てて許すはずがない。隋の煬帝は、北から侵入してくる突厥《とっけつ》勢に備え、百万人の民を動員して万里の長城を修復していた最中である。高句麗に出征して、突厥勢から背後を突かれることだけを恐れていた。

聖徳太子とは、実はかつては高句麗と共に中国を攻め、中国と互角に戦っていた北アジアの超大国「西突厥」の大王だったのだ。その後、惨敗してしまい日本列島に亡命していたとはいえ、国書一つでも隋に対して一歩も引かないという気概が伝わってくる様だ。突厥の実力者としての影響は計り知れなく、突厥に残っていた王子や高句麗とも連絡を取り合っていた様子も窺え、煬帝はこれ以上突厥を刺激したくはなかった。突厥の実力者であった聖徳太子を許し、和国の駆け引きを認めざるを得なかったというのが真相だ。亡命とは読んで字の如く、亡くなった事にして他国で命を繋ぐ行為なので通常は歴史上から抹殺される。中国と戦って日本列島に亡命した王は知られてもその名は封印され、歴史の上では過去の経緯より「辺境の地」の王としての承認の方が寧ろ強調された。

大陸の興亡と亡命王国ニッポン

前置きが長くなったが、和国が無くなり日本が建国される七世紀までの日本列島にやってきた王達の歴史を、忌憚なくざっと掲げてみたい。勿論、私達が習った一系の歴史とはまるで違い、相当複雑だ。リアリティはあるが、とても同じ国の歴史とは思えず、あまりにややこしいので、飛ばして読んで頂いても構わない。

もしこれが間違っていたとしても「万世一系が正しい」という裏表の関係ではなく「では何系なのか?」という更なる深い探求心が生まれるだけだ。古事記・日本書紀は無いものと思って、日本の歴史というより、日本列島もアジアの広大な歴史の一つだったと捉えてみる。

紀元前五世紀、

中国で越に滅ぼされた呉の王が、日本列島に民と共に亡命した。

紀元前二世紀、

秦の始皇帝の命令で、徐福が不老不死の霊薬を探しに日本列島に二回やってくる。

紀元前一世紀、

漢の武帝が朝鮮を滅ぼした為、朝鮮半島の臨屯郡までが漢の領土となり四分の一世紀の間、海を隔てた日本の隣国が中国という状態になる。（秋田県には中国の漢の武帝の渡来伝承が残る）

朝鮮半島に南方渡来の月支国が起こる。奈良の葛城氏（月氏系）は新羅方面へ進出し瓠公《ここう》と呼ばれる。半島南部の勢力は漢から代わって大物主系（月氏系・休氏）が伸長した。

（出雲国引き神話として伝わる）

朝鮮半島の北部で高句麗が建国される。

一世紀、
後漢が成立しアジア全体が動乱期になる。漢の勢力が朝鮮半島へ進攻。高句麗はチュモン王～ムヒュル王まで三代に亘り漢に抵抗してきたが、漢は朝鮮半島の勢力を圧倒。ムヒュル王は九州へ亡命した。ムヒュルは九州で漢と講和し「漢委奴国」の金印を賜り、その後半島に戻り新羅の王になる。代わって南方ルートで中央アジアから来たニニギの勢力が九州へ上陸し、進攻してくる。

二世紀、
ニニギ勢は九州から大和盆地まで進攻し、日本列島は戦国時代の様相となる。（百余国の大乱へ。一部は神武天皇の東征神話として伝わる）
一七二年、呉の孫堅に征伐された巫術者《ふじゅつ》の許氏一族（ヒミコの一族）日本列島へ逃亡。

三世紀、
三国志の時代、ヒミコが魏から金印を授けられる。魏の太守らは朝鮮半島に進出し独立戦を展開しつつあり、高句麗の東川王はこの動乱から逃げ九州に亡命した。
東川王はヒミコの後の王になったが、女王トヨに王位を譲り東へと移動。二六四年に中国地方の吉備で亡くなる。その後、東川王の一族は東征し二六六年にヤマト入りして前勢力を駆逐。ヤマト朝廷が、高句麗の東川王の王族らによって始まった。

（古事記・日本書紀における最後の神武天皇東征のモデルとなった）

魏の慕容氏が中国北東の扶余国を攻め、扶余王の一族が佐渡島を経由し関東の常陸の国へ逃げて来る。（扶余＝鹿という意味。茨城県「鹿島」の祖となる）

慕容氏は南下し百済を支配。慕容氏に攻められ高句麗の西川王が日本列島へ亡命し、祖父の東川王一族がいるヤマト王朝へ逃げ込み懿徳天皇となった。

四世紀、

中国は西晋が劉氏に滅ぼされ、五胡一六国という群雄割拠の時代に入った。新興勢力の劉氏系の御間城入彦が日本に進出し崇神天皇となる。（百済王子ウラ、新羅王子ツヌガアシト日本進出）

高句麗は台頭してきた劉氏の助けを借り慕容氏に対抗したが、三一八年に反撃され大敗。

強勢の慕容氏は朝鮮半島から日本列島まで一気に進出し、慕容仁が垂仁天皇として即位。

三三七年、慕容氏は燕を建国。慕容氏の王子ヤマトタケル（＝慕容儁）が日本列島へ派遣され、クマソら西日本の勢力、東日本の日高見国、扶余族系（鹿島）勢力を降して日本列島を統べた。十年後、ヤマトタケル（慕容儁）は朝鮮半島の百済と日本列島の支配を息子の仲哀天皇に任せて燕に帰国した。

燕国に戻り、中国皇帝を僭称していた石氏を討つ。

三六二年、仲哀天皇は新羅攻撃で神功皇后と対立し百済に戻る。三六九年に新羅攻めが行われ、燕からは、百済王子を和王に任命する七支刀が和国へ送られる。

弓月国の融通王（弓月君）、秦氏（苻氏）、百済の民が分裂し、日本へ十万人が渡来してくる。

大陸の大膨張と、王族たちの国盗り物語

中国では三国志の時代以来、四百年続いていた分裂王朝の時代が終わる。「隋」が中国を統一した後に建国された「唐」は、中央アジア・北アジア・東アジアへと版図を広げ、西アジアにはアフリカ・アジア・ヨーロッパにまたがる大イスラム帝国が興り、アジアは史上空前の大膨張時代に入る。東アジアも別世界ではなく、五世紀〜七世紀の日本列島と朝鮮半島は大混乱となった。

五世紀、
西アジアのエフタル族は、インド・ペルシアを圧倒していた強国だったが、北アジアの突厥と西アジアのペルシアに挟撃され滅ぼされた。エフタル族は数十万の民族の大移動を敢行し大陸北方から東方へ逃げる。これほど壮強な大部族が渡来してきた事はかつてなく、日本列島と朝鮮半島は混乱の時

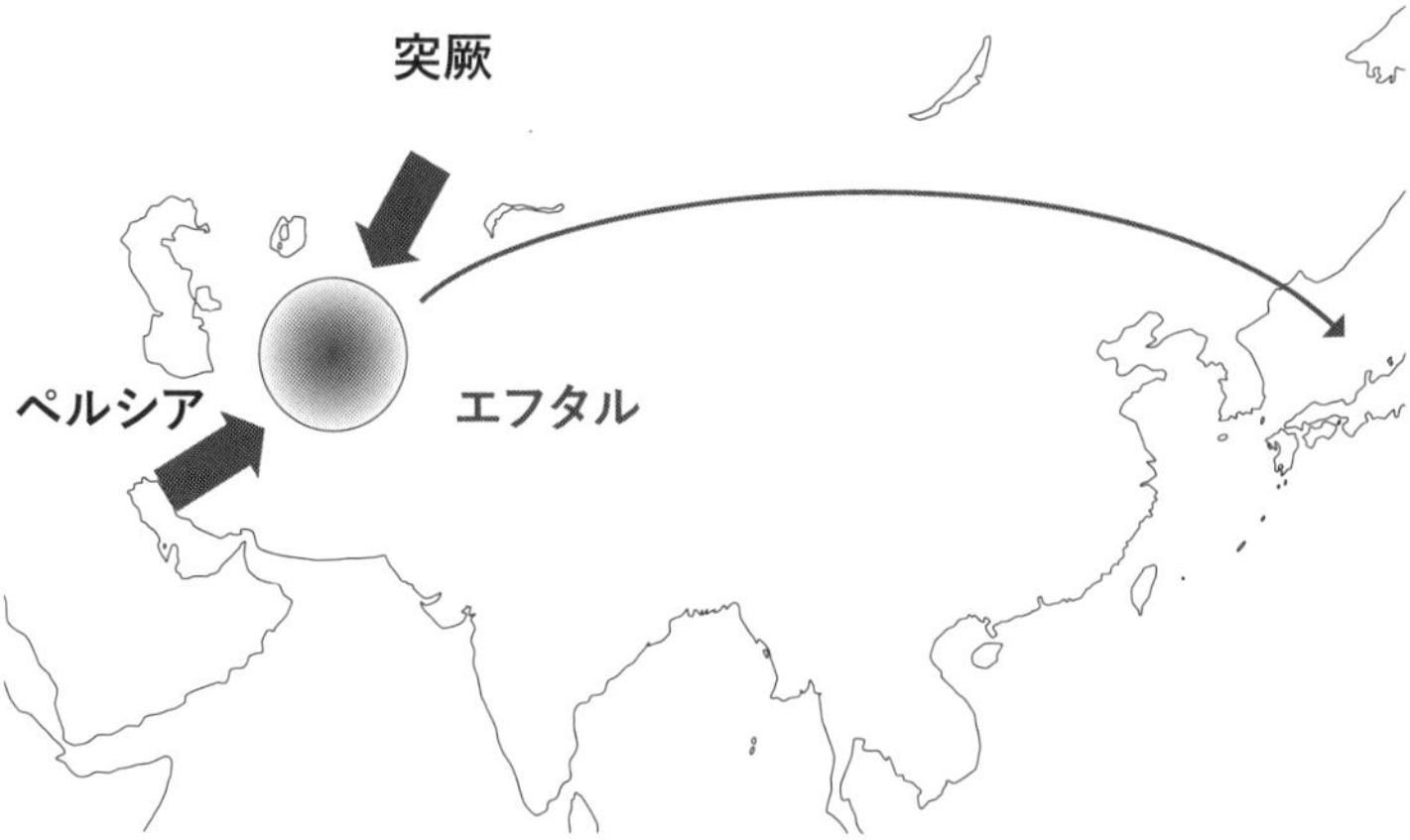

代を迎える。

エフタル族は高句麗王の後押しで日本列島に渡来した。当時ヤマトの王だった武烈天皇は、驚いて新羅へ逃亡し以後、エフタル族を恐れ王位を継ごうとする者がいなかった為、仕方なくヤマトの大伴氏らはエフタル族の男大迹王に継承を頼み体制を保とうとした。

六世紀、

男大迹王は、半島を攻め新羅の王となる。息子を百済皇太子にし、和国へ戻りヤマト入りして継体天皇になった。継体天皇は九州王朝を討ち（磐井の乱）、ヤマト朝廷で東西を統一した。

エフタル族が脅威となり、高句麗が反転し敵対。安蔵王が和国へ進撃し継体天皇は倒された。高句麗の安蔵王は安閑天皇になる。安閑天皇は笠原氏を武蔵国造に任じ支配は東国まで及んでいたが、エフタル族に在位二年で反撃されて、エフタル族の宣化天皇が即位する。

百済王となっていたエフタル族の聖王を、百済の大臣だった蘇我氏が奉戴し和国へ乗り込む。聖王は宣化天皇を退けて欽明天皇として即位し、百済・和国二カ国の王となった。

退けられた宣化天皇は新羅に渡り、新羅の真興王になる。

和国・新羅・百済の王が、全てエフタル族の王になってしまった支配政権が暫く続く。

高句麗で内紛が起き王子扶余昌が和国へ亡命。蘇我氏が擁護し欽明天皇の養子にする。扶余昌王子は、和国軍を率いて高句麗へ出兵し勝利した。

欽明天皇が、新羅の真興王に倒されると扶余昌王子が跡を継ぎ、和国の敏達天皇となり、百済の威徳王となり、引き続き両国の王位を継承して蘇我氏も権力を握り続けた。

六世紀末、

北アジアの大国「突厥」が隋の計略により東西に分裂させられ、和国へ東突厥族が亡命してくる。物部氏に婿入りし物部守屋と名乗り、蘇我氏と激しく対立した。敏達天皇はこの覇権争いから逃れ百済へ渡り、蘇我馬子は蘇我氏の血を引く用明天皇を和王に擁立した。物部氏は穴穂部王子を立て対抗し戦乱が勃発。和国の天下分け目の決戦は、蘇我氏側が勝利した。

七世紀、
北西アジアで長大な国家（イル）を築いていた西突厥の王（元ペルシア王子）は隋との戦いで大敗、大部族（ペドウン）を率いて東アジアへ逃亡する。同盟国だった高句麗の王に妃を託し、百済へ進出。腹心の武王を百済王にして、和国へ渡り上宮法王（聖徳太子）となる。
上宮法王は、隋の煬帝に国書を送り講和する。

中国の隋が唐に滅ぼされると、高句麗では親唐派と反唐派で対立が起き、反唐派のウィジャ王子が和国へ亡命してくる。上宮法王は後継者にウィジャを指名して亡くなるが、後ろ盾を無くしたウィジャは蘇我氏の圧力を躱《かわ》し、上宮法王の娘・宝皇女（後の斉明天皇）と共に、百済へ逃げた。
宝皇女は百済武王の正妃となり、キョギ王子を生む（後の天智天皇）。和国では蘇我氏の専横が始まり、和国に残っていた上宮法王の王族達は全て蘇我氏に廃されてしまった。
唐は東アジアを臣従させ、高句麗・百済・新羅は親唐派の傀儡の王になり和国の蘇我政権も親唐となった。百済・高句麗では反唐政権のクーデターが勃発し、反唐派のウィジャ王子が百済ウィジャ王になった。

六四五年

ウィジャ王ら百済・高句麗・和国の三国の反唐派により和国の親唐派の蘇我蝦夷・入鹿親子が倒された。百済のウィジャ王は和国の孝徳天皇に即位し百済・和国両国の王になった。

（大化の改新）

和国の孝徳天皇となったウィジャ王は、元々の和王である上宮法王の血を引く皇女を正妃とした。高句麗のヨン・ゲソムンは、和国でキョギ王子の異母妹を娶って義兄弟になり、大海人皇子と名乗る。高句麗・百済・和国三国は反唐派で固められた。

ウィジャ王は大化の改新後、百済に戻ったがキョギ王子とヨン・ゲソムンこと大海人皇子らは、母・宝皇妃を和国斉明天皇に擁立した。この時を最後に、約二百年続いていた百済・和国二カ国の王という王位継承は廃絶された。

アジア大戦記

唐は中国史上例がないほど勢力を拡大、西アジアにはアラブ勢力が拡大して、アジア世界の大膨張はピークとなり、日本列島にまで戦乱の余波は押し寄せた。

高句麗のヨン・ゲソムンこと大海人王子は、唐高句麗戦の為に東北の蝦夷らを徴兵し、中大兄王子

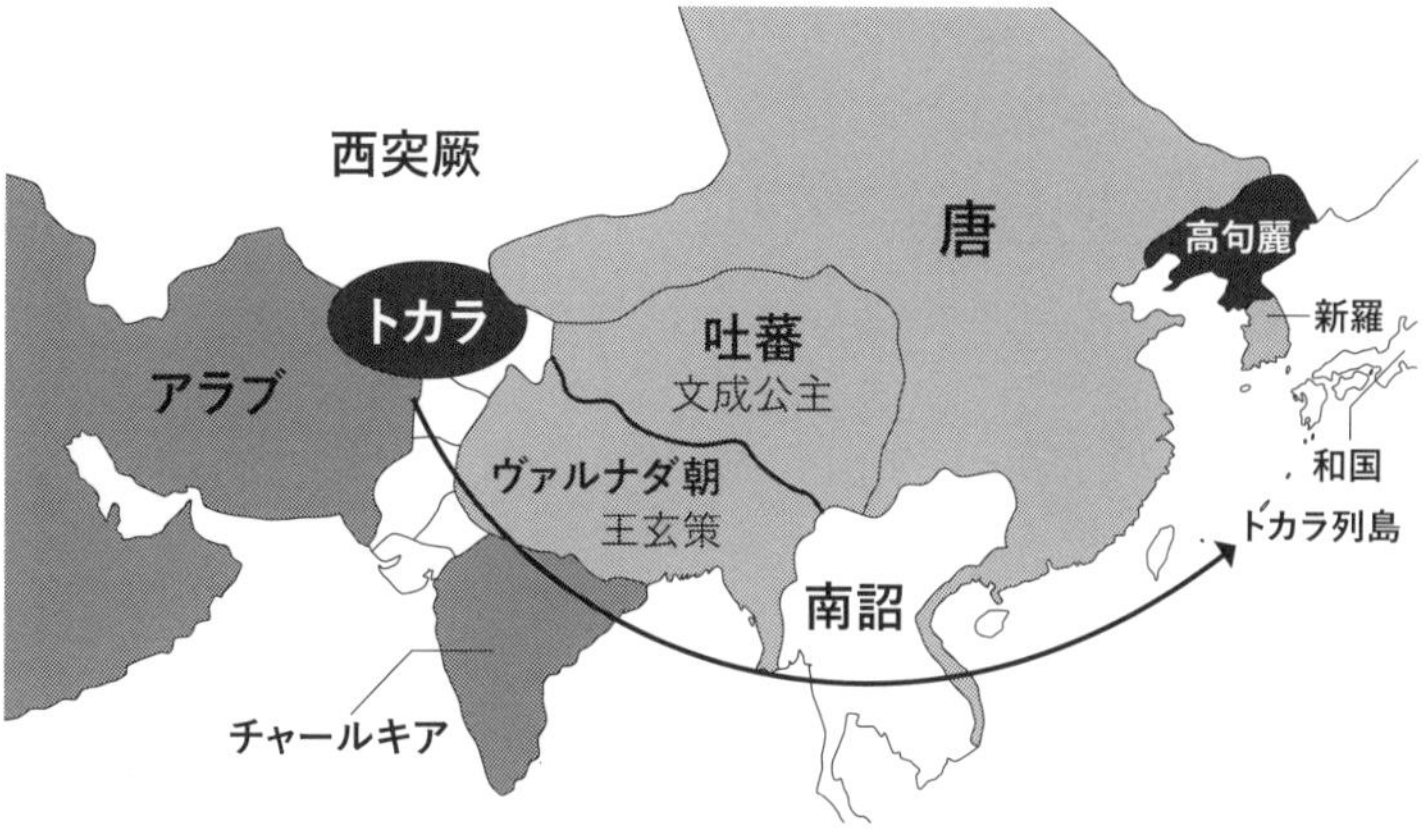

（七世紀半ばの唐国と唐の勢力圏とアラブ。高句麗が滅ぼされた後、日本が最後の亡命地の役割を果たす。日本のトカラ列島の語源はトカラからの渡来説もあっていいと思われるが、隠される傾向が強い。）

は唐に滅ぼされた百済復興の為に和国兵を白村江に派兵し唐軍と戦った。百済滅亡後の亡命人らにより、和国の政庁は三人に一人が百済人という状態になった。

西アジアのペルシアがアラブ（イスラム帝国）に滅ぼされ、ペルシアの王族は中央アジアの「トカラ」に逃げ込む。唐に援軍を求めたが、唐はアラブとの接触を避けこれを助けず、ペルシア王子はインドに兵を借りたが、彼らもアラブを恐れて逃げ出してしまった。

アフリカ・ヨーロッパに跨る大国アラブがアジア世界に東漸し、唐の勢力圏と近づいた為、トカラは大国間の火種になってしまった。残ったペルシアの王族らは、唐・アラブどちらとも直接接していない唯一の国である日本列島へ逃げるしかなく、トカラから日本のトカラ列島へと逃亡した。ペルシアの王族は、暫くトカラ列島に留まり、和国への亡命を願い出る。聖徳太子は元ペルシア王子でもあり、斉明天皇は同族のペルシア王族らを丁重に迎えた。

斉明天皇の後、百済のキョギ王子は天智天皇となり、その後の壬申の乱を経て、高句麗のヨン・ゲソムンは天武天皇となった。天武天皇は古事記・日本書紀の編纂を命じる。

唐に高句麗が滅ぼされた後、建国された渤海国のテジョヨン王と、唐を駆逐し朝鮮半島を統一した新羅の文武王（後の和国・文武天皇）、和国の藤原不比等は、三人ともヨン・ゲソムンこと天武天皇の息子であり三国の史書の編纂においては古事記・日本書紀同様の意向が働いていた可能性がある。日本が万世一系に皇統を編纂したのに合わせて日本列島と朝鮮半島のこれまでの関係は全て封印され、特に百済・和国両国の王位継承の歴史は完全に封印された。

以上、かなり省略したが窺い知ることがなかった歴史をざっと綴ってみた。省略しても相当ややこしいが、アジア世界の大乱を考えれば、巻き込まれた日本列島側の立ち位置もなんとなくだが浮かんでくる。

日本が完全な独立王国となったのはこの時代の後、八世紀からだ。これまでで特筆すべきことは、中国の様な易姓革命（前王朝を根絶やしにすること）が和国にはなかったことだ。古代の和国では、戦っても相手を完全に武力破壊することはなく、互いの王と王女を婚姻させ生まれた子を次の王とする平和的な婚姻合併策がとられた。王朝が代わる時も、必ず前王朝の王女に征服者の王が婿入りするという形で政権交代する。

母系血統を大切にしてきた和国では、おそらく只の前王朝の血統の姫ということではない。前王朝もその前の前々王朝の姫を王妃とし、その前の王もその様に血統聖母を受け継ぎ、権力者達が交代する度に代々受け続いてきたことなのだろう。和国はそうして古代アジア世界の王族の血統を全て残してきた。もしかすると、思いもよらない様な古代の聖なる存在の血統も、私達日本人の中に流れているのかもしれない。失われた古代アジア世界の王族等の血統が残されている国が日本なのだ。

次章では、「宗教政策史」という視点から宗教について書き進めていくが、完全な独立王国となった日本国では、国内での権力争いによって「宗教」が政治力を持つ様になっていき「日イズル国」の和国だった時代とはがらりと様相が変わっていく。

第Ⅲ章

宗教政策史と人の心理

宗教政策の始まり

私達が歴史や宗教を学ぶ中で、「宗教政策史」という視座で学ぶ機会はあっただろうか？

古代世界では、徴税と軍事と宗教政策が国の根幹を成すものだった。支配者達は、律令と軍事だけでは国は治められず、宗教という見えない鎧で国を覆わなければならない事を知っていた。

私達はこれを、歴史として又は宗教として学ぶことができるが「宗教政策史」という支配者側に立った政策の編年を知る機会はあまりない。支配者の歴史は支配者だけが知り、庶民は庶民側の歴史だけしか知り得ないのが常というものだが、できる限り政策的な方向から角度を変えて宗教を考えてみたい。

アーリア人の宗教であるゾロアスター教は、世界初の善悪二元を説いた宗教だ。天獄と地獄、世界は闇と光であり、統合と分離を繰り返す。末法思想『世界の終末』や『救世主』の存在が生みだされ、人々に恐れや罪の意識つまり心理的な負債を植え付けることによって救済への必要性と求心力を高めていった。ゾロアスター（ツァラトゥストラ）教の救済思想は、何世紀か後に生まれた、仏教、キリスト教、イスラム教など世界の宗教に影響を与えた。

宗教政策として発明されたこのアーリア人の宗教は、元々「身分制度」が宗教の中にある。

上位から『神官階級』『戦士階級』『庶民階級』に身分が厳しく分けられ、中央アジアでゾロアスター教を開いたアーリア人はこれを保持し、インドに渡ったアーリア人たちはバラモン教（後のヒンズー教）を開き、この三階級の下に『階級外』シュードラが加えられてインドのカースト制度・四階級制が生まれた。各、階級には対応する神がいて、

神官階級は、最高神である太陽神を崇め

戦士階級は、軍神のインドラ（帝釈天）を崇め

庶民階級は、河の神、火の神など庶民の神を崇めるという様に

庶民的な信仰の神々の上に軍神や最高神をいだき、天界の神々の序列がそのまま、人間界の身分制度になっているという支配階級にとって都合よく作られた宗教だ。王は「現人神」※であると説き、人々の信仰心で王権を強化した。そして庶民階級は、最高神である太陽神を崇めることは許されなかった（※現人神＝神に選ばれし者や神の子孫ではなく、神の化身であるということ）。このアーリア人の発明した宗教による身分制度は、時代が変わり支配者や国が変わっても尚、千年二千年、三千年と残り続けた。もはや、国や王を超える存在である。

ゾロアスター教は、庶民階級が火を崇めたことから「拝火教」と呼ばれ火を崇める宗教の様に思われているが、護摩焚き、火祭りや火を灯し続けるなど日本の密教系にも影響を残している。と、いうより密教自体がゾロアスター教を仏教が取り入れたことで生まれた宗派だ。

創作神話と創作説話の時代

ゾロアスター教が多神教だった世界に、宗教的な階層をつくり上げたのに対し、ユダヤ人の中では一神教が誕生した。もともとイスラエル人（ユダヤ人）は多神で、ソロモン王以来の王たちは神アシェア、神ケルビムなど、多神信仰が多かったが、やがて、アッシリアやバビロニアの侵攻で国は滅亡し、ユダ国のユダヤ人と呼ばれる人々はバビロニアに連行され捕囚となった。全てを失った彼らは、神ヤハウェを崇める一神教となる事で民族の結束を強め、バビロニアの中でも決して同化することなくユダヤ民族の独自性を保ち続けていた。

そしてキリストの誕生後、宗教の世界は次の政策段階がやってくる。

西洋では聖書が編纂され、インドではマハーヤーナ「大乗仏教」が説かれ、紀元一〜二世紀頃から世界は創作神話と創作説話の時代に入った。これは、キリストが教えてくれたこと、お釈迦さまが説いてくれた事とは別で、今の私達とも違うその時代に生きた人々の物語だ。

西洋は、創造主である唯一の神を推し全治全能の神への信仰を生み出し、ローマ帝国による一神教化が成功した。キリストを信仰する人々が脅威となっていたローマ帝国では、弾圧よりも政治利用する事にし、逆にキリスト教を国教としてしまいローマ皇帝は全キリスト教徒の中の最高位の存在となり、そぐわぬものは「異端である」として排除していった。


一方、東洋では逆に他宗派に対抗する為、力強い神が次々と生み出されて多神教化が進んでいった。ブッダの入滅後五世紀が経ち、権威的になりすぎた仏教はバラモン教に押され衰退してしまい、新たに『大乗仏教』マハーヤーナが台頭してきた。出家者だけでなく、多くの民衆を救うというマハーヤーナは勢いを増し、バラモン教国を仏教国へ改宗させるほどになった。

法華経などの経典でブッダに纏《まつ》わる様々な説話が説かれる様になり、言わばこのスピンオフ作品の中で力強い神々『仏教の守護神』たちが新たに誕生した。蛇神ナーガ、夜叉、羅刹、祇園精舎の守護神「牛頭天王」もこの頃だと思われる。牛の頭を持つ神とは、西アジアの神バールでありインド仏教が取り入れた存在で、ローマから日本まで御名を変えながらも最も広く伝わった豊穣の神だ。インドでは、蛇は忌み嫌われ霊鳥ガルーダや孔雀明王に退治されてしまう様な対象だったが、説話の中では仏教に帰依して『ナーガ』という仏教の力強い守護神に変わった。この様にして仏の守護神となった多くの神々を生み出すことで、信仰の範囲を広げた。そしてまた如来や明王など力強い神々を生み出し、ヒンズー教など他宗教に対抗しようとしたが、結局は密教化が暴走してしまい仏教は衰退していった。

西洋の信仰拡大が「神」そのものを拡大し唯一全知全能の神を創り出したのに比べ、仏教の信仰拡大は宗教環境により、その都度その都度、神々の数を増やしていった事が特徴的だ。

古事記ができた訳

近世、聖書より遥かに古い「ギルガメッシュ叙事詩」という五千年前のシュメール文明時代の記録が見つかり、旧約聖書に記されていた様な洪水の話が記されていた為、ビクトリア王朝の人々に衝撃を与えた事があった。聖書に書かれていたのが「世界最古の文献からのパクリだった」という事にショックを受けたという。宗教とはその様に後から編纂された方は過去の根源的な創造神話を取り込んでいき、新たに民族の歴史を書き加えて厚くしていく。

古事記・日本書紀は、日本の旧約聖書・新約聖書となり得るよう天武天皇が命じ半世紀近くかけて編纂されたものだが、見事に完成されたバイブルだ。遣唐使の時代、世界の文化を集めた唐から知識を持ち帰った者がいたのかもしれない。あらゆる神話素材を使った組み立てにより、和国の有力部族達の歴史を日本の歴史の中に組み換えていった。

インド神話の乳海攪拌の様なイザナミ・イザナキの国生み神話、
ギリシャ神話の天と海と冥界の神の様な三貴神、
エジプト神話の様な死者を蘇らせ兄弟神に勝つというエピソード、
キリスト教の様な創造主と最高神（創造主ヤハウェ↓天御中主・最高神イエス↓天照大神）など、
世界の宗教をふんだんに取り込んだ、当時としては最新式のものだった。

日本には八百万の部族達の始祖である八百万の神々達がいて、従来の東アジアの創作神話のテクニックでは、感精神話や卵生神話など「龍から生まれた」「太陽の子供を宿した」等と象徴するトーテムや信仰を暗示した出自神話を作ることが多かった。これに加え日本で初めて「敵対していた他部族まで系図に加える」という大胆な出自統合を行った。

例えば、従わせにくかった九州勢力の隼人族などは、王族の兄・海幸彦の子孫であるという設定にし、敵対的部族を王族の眷属《けんぞく》にしてしまったのだ。この画期的な神話創作方法によって、独自の神と王、年号と歴史があった和国の八百万の有力部族たちは全てヤマト王朝の歴史の中の一氏族に編纂されていき、万世一系が誕生した。

後世の徳川家康などは、自分の死後は「東照大権現」という神として祭り、天照大神と天皇家の如く、東照大権現を始祖神としてその子孫の将軍家を日本人が崇めることを考えた。

しかし、ただ祭ればよいというものではなく、古事記を編纂した天武天皇系の王朝がそうした様に、徳川将軍家の家系図の中に敵対的な外様大名を加えて国史を編纂しなければ、始祖として祭るはずもない。

ヤマト朝廷は伊勢神宮を日本一の社格に高め、天照大神を王家の国家祭祀にして他の氏族の神々の祭祀とは一線を引いたうえで、それを活かす古事記・日本書紀というバイブルもつくり、道教や、ゾロアスター教の思想も使い、部族連合国だった頃の和国の世界観を見事に刷新した。

飛鳥時代は八百万の部族達の神々が一つに纏められ「日本」となっていく時代だった。

和国から日本国へ、奈良仏教の台頭

かつて部族連合国だった和国時代の王権は弱く、部族（氏族）に所属する私有民ばかりで国民が殆どいない状態がずっと続いてきた。歴代の多くは、直接的な徴税・徴兵・裁判権の無い盟主の様な存在だった。これが七世紀の大化の改新から大宝律令まで、半世紀以上かけ律令化を進めた事で中央集権が強まり、私有民を率いていたかつての王族や部族長らは土地の収公と引きかえに冠位や国司の座を得て朝廷に属し、部族らの奴婢・部民など私有民は解放されて国民となりようやく「公地公民」が叶い天皇を頂点とした日本国が建国された。

この日本国化を強力に推し進めてきたのが天武天皇系の勢力だとしたら、逆に部族連合国時代の私有地・私有民へ引き戻し、力を蓄えようとしたのが天智天皇系の王族だったと思われる。飛鳥時代から奈良時代へ変わり、天武系・天智系両皇統の対立と、橘・藤原一族と、遣唐使らを巻き込んだ権勢が複雑に蠢《うごめ》く中で、新たな仏教勢力が台頭してきた。

飛鳥時代の仏教は、天皇の崩御や病気平癒の度に大勢の出家者を出すなど、どちらかというと天皇家側に保護される存在だった。こうした飛鳥時代の既存の仏教者を追い越し、平城京に遷都した後に権力を欲しいままにした「奈良仏教」が誕生し、僧・行基の登場以来、天皇家側は逆に脅かされる存在になっていく。生まれたばかりの日本の公地公民は、これによって破られたとも言える。比較的、天武天皇系は嫌われているせいか私達が歴史として学ぶ時は、天皇側は苛政を行い弾圧した悪玉で、僧・行基は民衆の為に布教し開墾という社会事業を行ったヒーローの様に語られていることが多い。これに疑問を持ったことはなかった。

しかし、

行基以来、国土開発は国家主導から仏教主導の世界へと変わってしまった。

以前、飛鳥時代には「役行者」という山岳仏教の開祖が、国民への布教と国民を役務に就かせることを執行していて、行き過ぎはあったが、朝廷の開発事業の域を出ることはなかった。しかし、国に対抗して活動する行基の存在によって天武天皇系の王家は大いに失速した。たとえ国政に反しても「民衆を救うことは大乗仏教の菩薩の道である」と説く行基側に軍配があがり、天皇側は布教を禁じるという対抗手段しか打つ手がなかった。

仏教伝来後二百年が経ち、律令体制下の宗教政策では「神祇令」「僧尼令」などが定められ、既に神仏両派が対立した時代ではなかったが、仏教勢力同士の新旧対立へと時代は動き始めていた。朝廷側は、信仰の自由は認めつつ「天文を讀み巫術を行う」などおよそ仏教徒らしからぬ布教を禁じる事までしなければならない程、行基らは僧業を超えた活動家だったのだ。天文を讀む事は法令で禁止するほどのことだろうか？　と、違和感も感じるが次章「最後の卑弥呼」で詳しく書くが「天文を讀み暦を作り、国民に公布する」のは本来は国王の役割であり、かつて和国にいた小国の王達はそれぞれが天文を讀み独自の暦を作り、独自の元号を使っていたのだ。朝廷としては、布教以外の私的な活動として捨てておく事はできなかったのだろう。

布教という名の私有民化事業

天智天皇系の長屋王が実権を握る様になると、開墾地の私的な所有を三世に限り認めるという「三世一身法」が施行され、行基の行為は合法化された。大がかりな開発事業を行う行基らは開墾民達から多額の資金を集められる様になり、奈良仏教は堂々と巨万の富を蓄えていった。国の田畑でさえ布教の後は私有地に変えられてしまい、ついには大仏を建立できるほどにまでに財を成し、行基は日本で初めての大僧正の位にまで昇りつめた。

国民は税は払わず、行基に資金を払い、平城京遷都の役務だけで終わったはずの国民も、千を超すとも言われる寺院や大仏の建立の使役に駆り出された。天武系の天皇家は奈良仏教勢力の前に言いなりであり「仏教の下僕である」事を宣言し、もはや政策者が仏教を利用するのではなく、仏教者が政策の実権を握っている世の中となり、国や人々を動かす程の力があった。

その後「墾田永年私財法」によって開墾地は永遠に免税となり、仏教勢力は開墾民から永遠に私税を得ることが可能になってしまった。布教による出家信者の増加は即ち国民の減少であり、開墾と合わせて行われる布教という名の私有民化事業によって事実上、私有地・私有民時代への逆戻りとなった為、日本国の公地公民制は早くも崩れた。

奈良仏教の首魁・僧道教の時代になると勢力はピークに達し、とうとう天皇の位を譲れと迫る様になった。仏教国化を掲げる奈良仏教としては国王の地位を狙うのは当然のことである。天武天皇系は最後まで天智系に皇統を譲る事に抵抗していた為、利用され力を削がれながらも苦渋の選択で僧・道教に譲位しようとしていた様だが、伊勢神宮と並び天皇家の第二の祖廟《そびょう》である九州の宇佐神宮の存在により、土壇場で道教に皇位を譲位するには至らなかった。

一方、天智天皇、行基、長屋王と、百済系の人物らによって、日本国の「公地公民制」から部族連合時代の私的な「領地領民制」に戻そうとも思える振舞いが見て取れることから、亡命百済人の為の移民政策だった可能性も窺える。

百済からの亡命者の技術で日本の国土開発が行われたが、日本のルールではかつて私有民を支配していた首長も、奴婢も、同じ日本国の一国民となるのは、彼らの支配観では耐え難かった事だろう。百済は日本より部族主権の強い連合国だったのだ。七世紀後半に百済・高句麗が唐に滅ぼされ、渡来した王族は「百済王」「高句麗王」などの称号をヤマト朝廷から賜ったが、列島に根拠地を持たない彼らにとって、開墾した土地や連れてきた民衆を領地領民化したいという願いは無理もない。仏教勢のみならず、かつての部族主権型の「領地領民制」への動きの前で、完成したばかりの日本国の公地公民制は結果的に骨抜きになってしまった。

道教の失脚後は墾田永年「私財法」は差し止められたが、神社仏閣が所有する田畑だけは引き続き免税地として残された為、新たな免税地を仏教勢力が手にいれる為には他の神社が所有する「神田」を奪うしか方法がなくなってしまった。

この頃より仏教勢力は「神道の神とは、仏の化身である」という方便を立てて神社を併呑していき、神仏の習合化を進めて神社と神田と神人（神社が所有する田畑とそこに住む耕作民達）を勢力下にした。これにより、日本各地の天照大神は大日如来に、豊受大神は馬頭観音に、応神天皇は阿弥陀如来にされるなど、八百万の神々が全て仏教神に宗旨替えさせられてしまい信仰の自由までも損なわれた。

タックス・ヘイブンと宗教

仏教勢力の神仏習合化によって日本古来の神々を祭る神社は仏教の支配下に置かれてしまったが、日本の宗教はこの頃より盛んになってきた「荘園制」というタックス・ヘイブン政策により繁栄してきた歴史がある。現代人が考える様な、信者が支える教団宗教とは全く異質の世界だ。

寺社の有する「神田」「寺領」は免税だった為、諸侯は税を逃れる為に進んで寺社に自分の領地を寄進して名義人（領家）になって貰うことで税を免れた。武士の時代になりエスカレートし源頼朝なども積極的に寺社に田畑を寄進した。文字どおり「坊主丸儲け」の世界で実質的な権力者であり、庶民にとって仏教は実際は信徒どころかまだ程遠い、雲の上の存在だった。こうしてみると、私達が学んだ様な「神道と仏教の対立から、仲良く神仏習合。お寺は国立大学の様な存在だった」という歴史観とは、些かイメージが違う様に思えてくる。

皇統が天智天皇系になると、天皇側は様々な妨害を受けながらも長岡京、平安京へと遷都を敢行し、遂に新たな平安仏教の時代を開いた。この中で、空海などの偉人も登場し新しい流れが生まれた。十一世紀頃からは、法然、一遍上人など遊行僧と言われる寺に属さず民衆の為に読経をする、雲の上の存在ではないストリート系の僧も現れた。（西洋では「フランシスコ」というストリート系の聖者も登場する）。彼らは、仏教界からは僧とは認められず草創期には苦難の時代が続いた。
日本の仏教は世界的にも特異と言われているが、呪術的で猟奇的な進化を遂げた側面もある。『地獄絵図』などを見ても、時代を追うごとに猟奇的で恐ろしい物になっている。地獄を説き、人々を恐れさせ、呪いや祟りという呪術的な信仰を定着させて、人々の救済意識は現実以上に高められるなど、不安の刷り込みや不安対象のすり替えがなされていった。

この【不安の刷り込み】という心理技術は、現代の新興宗教や振り込み詐欺でも同様で、『このままだと癌になる！』『放って置くと息子が大変なことになる！』などと、ふいに心を割る様な言葉で不安に陥れて、救済の必要性を植え付け取り込むのと同じだ。「あなたを救う為に」というアプローチで不安を刷り込みながら取り込む心理技術は、現代でも強力な技法として通用している。

（現代では「あなたの夢を叶える為に」とプラスの目標の刷り込みをして取り込む逆パターンもある。心理学の流行により心理技術が身近になった為、営業や契約の現場でも応用され中にはグループダイナミックスやパラドックス＝突き放しなどを見事に使いこなして、詐欺まがいのファイナンシャル契約をさせる業者もいる。世界一、同調圧力遺伝子が強いと言われる日本人には集団力動は有効なのだ。
本来、心理技術を用いる介入は治療契約によって用いられるか、相互の合意の上で成り立つ行為だと思うが、営利追求場面における一方的な心理技術の乱用は規制もなく広がる一方なようで、騙された側は騙されたという意識さえうまく整理できずに「あれは宗教だ！」などと根拠のない遠吠えをするしかない。先方が歩み寄る為の場面設定にこだわりがあったり、一方通行のコミュニケーションになりがちなものは慎重になった方が良いかもしれない。私は分かっていても騙されてしまうタイプだ。）

戦国時代には、仏門権勢は最強となり織田信長や徳川家康などの戦国大名は手を焼き、武田信玄や上杉謙信などは自ら仏門に入道し逆にその力を得て対抗した。死と隣り合わせの戦国時代は、出陣する時は、亡くなった兵士を往生（あの世に生まれ変わること）させる役割の僧＝陣僧が従軍していて皆命がけで戦った。

因みに、織田信長や豊臣秀吉をはじめ全国の大名や近代日本の創業事業家達は、「空海」（弘法大師）が開いた高野山の奥の院に墓所が置かれている。仏教や歴史に興味が無くても、過去の日本を創り上げてきた偉人達の坐すこの場所へ、日本人ならば一度はお参りしてみてはと思う所だ。

お寺は江戸時代になると民衆を管理する行政機関の様になったが、明治維新により武家の時代が終わるとようやく長かった中世の神仏習合の時代は終わった。明治政府は、神道を国教とし政教一致という宗教政策を行い、神祇省が置かれ、神仏分離により神と仏は厳しく分けられた。

日本人の祖先や祖神だった八百万の神々が、インド人や中国人の考えた神々と置き換えられてしまった「神仏習合」という宗教制度は消滅したが、一方で神々や社格は厳しく判別されて、アラハバキの様に東日本に残っていた天孫族より古い神々は、天御中主や国常立神に変えられてしまったものも多かった。神官の世襲が禁止され、庶民的な神社は一郷一社へとまとめられていき、五所神社、一二所神社、或いは地域の名を冠し○○神社などと統合されていった。戦前までこれが続き、戦後はまたＧＨＱの政策により「神社を沢山祭ってはいけない」とされ更に統廃合が進んだ。

日本はまだ、明治時代の古事記・日本書紀の「神話は全て史実である」としていた宗教政策の影響が残るせいか古事記・日本書紀への傾倒が強い。操作性のある書物であることが知られる様になった現代でも、百五十年以上前の権威は生き続け他を全く受けつけない結論在りきの歴史が声高に叫ばれていたりして、古代日本を知ろうとする時にはなかなかのハードルになっている。こうした混沌の中、日本人の宗教性が次第に薄れていった中で台頭してきたのが、今までになかった新興宗教や新宗教だ。所謂、教祖様がいる教団タイプの宗教で、根源的で包括的な教義が特徴だ。「キリストもブッダもここで学び、世界の宗教は全てここから生まれました。」と言った感じのオール・イン・ワン的な教義で「全部ここですから大丈夫ですよ」と言うシンプルで大きな響きは、人々を引き付ける魅力がある。そして、教団タイプの新型宗教は包括的であるが故に信徒生活の全般に影響を与えるので、お金集め票集め等の活動団体的なイメージも否めない。

ちなみに、教団宗教と違い日本古来の神道には、宗教の三大条件「教義経典がある・教祖様がいる・

御本尊がある」という事がほぼ存在してない。「神ごとは言上げせぬ」と言い、祭事はあっても教義を説いたり天照大神の像を拝ませる事もなく、拝殿には鏡が置いてあるだけで山が御神体だ。神社の地域には氏子さん達がいるが、殆どの神社には宮司さんは居なく、宗教と信者という明確な位置づけがなく自主運営的だ。祭事ともなれば他の総社から宮司さんに頼んで来て貰い、社務所を開けたり電気代の支払いから管理まで全て氏子さん達が賄われている。文化的な大分類の中では宗教と同じに考えなければならないのだろうが、いわゆる宗教教団と神道との違い、「教え」と「道」の違いを時々感じる事がある。

本章と話はそれるが最後に、巫女と催眠の話をしてみたい。

巫女と相撲

祭政一致と言われた古い時代のこと。

「王の玉座はなく神の坐す岩座があり、朝廷が政り事を行わず皆、天地の神を祀った」と、ある。神は遠ざけられた存在ではなく、近くにいた。なので古代日本には、祭祀はあっても宗教らしい宗教は存在しなかった。宗教者が「神の声を聞いた」「神の教えを伝える」などと言っても容易にこれを信用する事も無く、御宣託を聞くという特殊な神事があり、そうして直接神々の声を聞いていた。

巫女という、神の依代となる女性に神様を寄り付かせ、神の声を聞く。

御神託によって政り事が行われていた為に、巫女が神がかりの状態となり御神託を降ろす時には、必ず本当に神様が入ってきているのか判別する「サニワ」（＝神審判）という確認を経てから神の声を聞いた。神がかったフリをして、神の言葉らしく伝えるエセ行為を防ぐ為だ。このサニワの一つが、相撲の起源だという。相撲というと『女人禁制』のイメージが強いが、もともと巫女が主役であり巫女以外の女性は神事には入れない。

力士と立ち合って、非力な女性が力士を投げ飛ばすことができれば、たしかに神がかっている状態であるとされ、その確認をしてから御神託を頂いた。神が降りてきたかの様なトランス状態の演技をしているのを見分ける、誰もが納得する一目瞭然の確認方法だった。

やがて御神託による政り事は無くなり、朝廷が政り事を行う様になり相撲は奉納相撲へと変わっていった。

神の声を聞くというトランス状態とは催眠の一種でもあり、催眠状態の段階についても少し触れてみたい。

通常、催眠には5段階の状態がある。

1．意識が集中していて、リラックスしている状態。

一番軽い段階の催眠で、高速催眠現象などで知られるように集中している時に起きる軽い催眠状態。所謂「ゾーン」と呼ばれる様な状態。

2．意識はあり、深くリラックスしている状態。

ヒプノセラピー（催眠療法）に用いられる二番目に軽い催眠状態。深いリラックス状態により深層意識のコミュニケーションが可能になる。セラピストと会話をしながら潜在意識に沈む心の深い傷と向き合う。又、この状態ではできないことを「できる」という暗示をすると、できる様になる場合もある。ただ残念なことに効果は二週間程度しか続かないが、これを療法として用いるのは、まず成功体験をして貰うという事を目的にしている。できないことをきつく叱られる緊張状態の学習より、深いリラックス状態で「できる」と刷り込まれた方が効果を表す事もある。保険医療では無いが、どもりの子どもに笑気ガスを吸わせ催眠状態にして「どもらない」と暗示を書き込んだりした事もあったそうだ。やはり効果は二週間ぐらいしか続かないらしい。この二段階目の催眠状態は一人より集団の方がかかりやすく、治療以外でもカルト的に乱用されがちだが、商取引のクーリングオフ期間が丁度二週間というのは、もしかしたら催眠商法者にとって有利なのかもしれない。

3. 意識はあるが、自分の思いどおりにコントロールできない状態。

一般的に、催眠術として知られる催眠。テレビ番組で観るニワトリの真似などをさせられているような状態。意識はあるが、術師のコントロール下にある。忍術でも用いられた様なマインドコントロール方法。

4. 無意識で、コントロールもできない状態。

所謂『トランス状態』というもので、巫女さんが神託を降ろす時の状態。自我が無くなり、何かに取り憑かれている様な状態。精神病の陽性症状と間違えられやすい。

（沖縄ではカンダーリ「神降り」と言われ、ユタというシャーマンの家系の思春期の女の子がこうした状態になるらしい。カンダーリが起きるとユタさんがサポートにつき次期ユタとしての道を歩むことになる。中には偽ユタもいるが、沖縄人はユタさんの存在は普通に受け容れている。沖縄の精神病院で働いていた時に上司から教えてもらったことだが、沖縄の人はまず精神病院に連れていくかユタさんのところへ連れていくかを考えるという。これは本土でも東洋医学と西洋医学があるのと同じことだと思うと言っていた。）

5．意識も体も動かないとても深い混濁状態。

最も深い催眠。催眠が儀式ではなく、療法として発達したのは19世紀の心理学からというイメージもあるが、最も発達したのは実は第二次世界大戦中のようだ。戦時中、野戦医療の現場では負傷者の手術を行うにあたって圧倒的に麻酔薬と麻酔医が不足していた為、麻酔の代用として痛みの回避に、この最も深い催眠状態を用いていたらしい。戦後もアメリカの二つの州では、帝王切開などで胎児への麻酔薬リスクがある場合に限り、意識が混濁し痛みも感じなくなるほどのこの最も深い催眠を用いることが認められていたそうだ。

催眠療法の草分けであった心理学者ユングは、集合無意識（超意識）というエゴを超えた意識の世界を唱えた心理学者だ。

「あなたは神を信じるか？」と問われた時にユングは、

「私は神を知っている」と答えたという。

こういう発言は常識的には、畏れ多い事として受け止められる。人々は「神は信じるもの」と教えられ、長年そう信じられてきたからだ。稀に規格外なキャラの聖者や預言者が現れ、こうしたことを堂々と語り、教団宗教の教祖様になったりするのだろうか。もしかすると多くの人々は宗教に依存する事で逆に、神との繋がりから離れてしまっているのかもしれない。ユングが一言で語ったこの言葉を、通常の意識では知り得ない、宗教の教えだけでは感じ得ない、特別に意味のある言葉だと思って受けとめてみたい。

ユングの言う集合無意識こそ、「神を知っている」と言わしめた意識ではなかったか。

第Ⅳ章

最後の卑弥呼

祭政一致の時代の王

権力は王の特権で身分の違う貴さを誇るのが『王』だが、これは後から生まれてきた王道で、遥か古代の稲作共同体の『祭政一致』の時代は、まだ専制君主的な王はいなかった。

農耕『稲作文化』と共に共存していた祭政一致の時代、王とは優れた巫術者だった。巫女と同様に天文を讀み、種まきから収穫までを予想し『暦』をつくり皆その暦に従って耕作を始める。『暦を制する者が国を制する』と言われた世界で、人々は安全な収穫の為に王や巫女（女王）に従っていた。権力による統治ではなく稲作（農耕）という共同体文化の中で、王や巫女は存在していた為、王も民も共同体のルールに従う。祭政一致の時代の王や巫女は、雨が降らなければ雨乞いをし、もしも干魃にでもなれば柴を積まれて焼かれていた。

中国の伝説の始祖『黄帝』も優れた巫術者であり、三国志の時代の「黄巾族の乱」も中国江南地方の稲作文化を基底に持つ巫術者の反乱だった為、この黄帝にあやかり黄色い巾を皆頭に巻いていた。中国の祭政一致は古く、元は漢字も人のコミュニケーションツールではなく、殷の時代に神との対話の為に「甲骨文字」という象形文字が発明されたのが起源だ。

比較的早い段階で、中国では祭政一致からの分離が起こり周の時代に政治と祭事が分離し始めて、漢王朝（紀元前二百年～西暦二百年）の時代には、南方の祭政一致の稲作文化の人々は追われる様に巫女と共に日本列島に逃げていった。稲作文化には、武力支配の王ではなく、暦で人々の農作業を司る王や巫女が必要だったのだ。種まきの時期を決める上で暦は最も重要で、雨期を見誤ればその年の糧を失うこともある。武力だけで王位についた支配者は何も分からず、民に飢えをもたらすだけだった。したがって女王ヒミコとは支配者的な王とは全く違う存在であり、王たる者は武力等でなく神通力がなければ王とは言えない。そして、卜占や占星術・なんらかの統計学的な天候予測手段が必要だった。

これは『巫術者が幻術で人々を惑わした』などというレベルの話ではなく、天文を讀み結果的に収穫予測が叶ったか？　収穫できなかったか？　という事実だけが全てである。ヒミコの後に一時男王が王位につき国が乱れたというが、男王は天候管理が全くできなかったらしい。祭政社会の王は、支配社会の王の様に貴いのでなく、民と稲作の為に尊い。

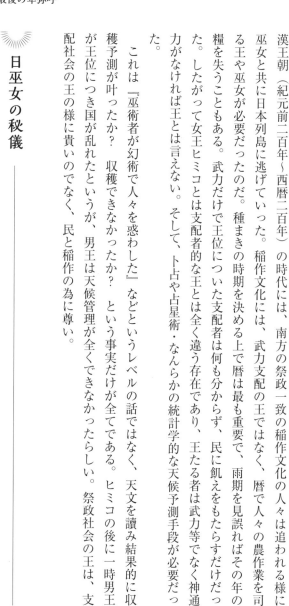

日巫女の秘儀

和国のヒミコの一族も、中国江南※の巫術者である許氏の一族の出自と言われ、呉の孫堅に征伐さ

れ九州まで逃れてきた。（※中国江南＝上海、紹興、南京など長江の南側）
ヒミコは、山々がスケールの様に連なる地で昇る太陽の運行を見渡し日の暦を読んだ。「暦」という字は木々の間から日を観測しているので、やはり月や星よりも日を読む暦の方が本来的なのだろう。夏至と冬至、季節運行はもちろんの事、優れた巫術者であったヒミコは太陽の黒点活動の様な状態までも予測し、梅雨の強弱を占っていた可能性もある。農耕民族にとっては神の如き存在であり、後から来た渡来人にも関わらず皆ヒミコの暦に従っていて、最終的には諸国連合の女王に擁立された程だった。
直接太陽を見て観測はできないので、鏡に映した光の状態を観測していた様で、特定の時間と方向で、特別な鏡を置き、映される陽の光の仕組みをみて占う。八咫鏡《やたのかがみ》の様な大型の「内向花紋鏡」で意匠や飾りが少なく、スケールの様に内側に定間隔で何本も線が引かれている鏡は観測用だったと思われる。
空梅雨ならば、早蒔きか遅蒔きにすべきかどちらかを占う。一人だけではなくそれぞれ役割を担う巫女がいた。そして観測用の鏡は、使用していた巫女や王が亡くなると破壊される。全ては口伝にし、書伝物伝は防ぐ。これは、鏡を手に入れた者の乱用を防ぐ為で、権力だけを求める様な「エセ巫術者」の発生を防止していた。ヒミコの一族はこうした中国伝来の統計学的な天文の知恵に加え、死者の弔い方も知っていた。「鬼道＝死者の道」であり、日本の鬼とは意味が違い、古代中国の鬼とは亡くなった方の霊のことだ。仏教発生以前にも僧の様に「あの世に往生させる」橋渡しの役割があった。

ヒミコ一族の中国の秘儀は失われてしまったが、渡来してきた人々と共に新たな高度な水稲作や巫女や季節神事などの農耕文化は日本列島に定着した。新嘗祭などの祭事は伝統的に残され、今でも神社や天皇家に伝わる神事は全て、秋の収穫に向けて行われている。
（かつては中国にも「嘗」という秋祭りがあったらしい）

中国人にとってのヒミコとは

稲作を持ち込んだ弥生人の渡来ルートは南北諸説あったが、日本の稲ジャポニカ米はＤＮＡ解析で、中国の長江（南方）が起源であることが分かり、また日本人の祖先のＤＮＡも最近の分子人類学では南方からやってきたと解析されている。弥生人の渡来は、紀元前より、朝鮮半島や中国江南から段階的に続いていて、中国江南から海を越えてやってきた最後の稲作文化の一派がヒミコの一族だと思われる。

稲作は『鳥が稲穂を咥えてやってきた』という伝承が沖縄〜本州まで残っているが、実際は稲が伝わるだけでは稲作はできない。陸耕稲作と違い、父祖伝来の水稲作の知識と技術、灌漑工事法、収穫技術、そして保管技術や農具が無ければ弥生式の水耕は難しく、稲作と共に渡来してきた弥生人達と、その生活様式と技術は全て定着した。

ヒミコは古事記・日本書紀には登場しない為、日本の歴史では「謎の女王」の如く語られているが、中国側の史書「魏志倭人伝」にはしっかりと記され、紀元二二〇～二八〇年当時の三国志時代の中国人にとってはよく知られていた重要な人物だ。

中国古代からの二つの勢力、北の黄河文明と南の長江文明の戦いは、北が南を征してきた歴史がある。習俗も言葉も違う、南方の稲作文化を持つ人々は度々独立戦を挑んだが、ヒミコの一族は南方（呉）で最後まで抵抗していた実力者だった為、三国志時代の魏は呉に対する戦略上、自軍の勢力に取り入れようとした。和国のヒミコを外縁の友軍勢力として配置し、海の向こうの呉に対する布石としておいた。ヒミコは魏に服し使者を送り朝貢し、魏は金印と魏軍の軍旗をヒミコ側に与え、対する呉は一万の兵を日本列島へ送り出した。呉の一万の兵は日本に辿り着かなかったとされているが、ヒミコと敵対する狗奴国との戦争とは、魏と呉の代理戦争だったとも言われている。金印のみならず、わざわざ魏軍の軍旗まで与えられ九州での戦況が報告されている事からもその可能性は考えられる。

ヒミコの死後も、中国側には次の男王と、その次の女王トヨの記録まで残されているので、日本列島の情勢は中国とは無関係の出来事ではなかった。和国は再び乱れ群雄割拠の古墳時代に向かい、やがて中国の三国志の時代も終わって九州にまで飛び火した魏と呉の対立は無くなり、金印を授けた『魏』は三世紀半ばに滅び、ヒミコもその頃には亡くなっていた。

ヒミコは天照大神ではない？

ヒミコと天照大神を同一人物とする説があるが、三世紀の人物であるヒミコと紀元前六世紀以前とされる天照大神を同一人物にしてしまうとおかしな事になってしまう。

千年近く離れて存在していた二人を同一人物とするのは無理があり、まず前提として「皇紀二六〇〇年」とされていた天皇家の歴史は完全に否定しなければならない。

天照大神の五代目の子孫がヤマト王朝を開いた初代神武天皇であり、一代を二十五年としても三世紀のヒミコ（天照大神）から百二十五年後に大和王朝が開かれた事になる。

すると、だいたい紀元三百～四百年あたりで、神功皇后が活躍した時代であり初代天皇どころか第十五代目の応神天皇の時代になっている。

他に、ヤマト王朝で女王候補に考えられるのは神功皇后くらいかもしれないが、神功皇后の時代にも魏という国は既に無い。ヒミコと天照大神を同一人物とする説では、神武天皇がヤマト王朝を開いたのは紀元三百年頃としているが、年代的には案外その方が正解なのかもしれない。

ヤマト王朝は紀元二六六年から始まったのだろう。

初代・神武天皇も第十代・崇神天皇も「初国知ラス・スメラミコト」と言い、二人が重ねあわされている事からも、ヤマト王朝は崇神天皇から始まったと考えるのが一般的な様だ。何れにしても、ヒミコや神功皇后は、中国や朝鮮など外国の史書にも記述があり年代比定されるが、天照大神はそうした国際的なエビデンスがなく古事記の中で神の代とされているので、歴史としては計りづらい。そして、男系主義のヤマト王朝のままでは、女王や女系国家を論じるには無理がある。

話はそれるが、南方の稲作文化の女系主義では、集団での子育てやおおらかな子づくり文化があった。女性の家に男性が通う「通い婚」制であり、女性は何人かの男性と子づくりをしても女系が主軸である為、誰が父親か分からなくてもよい。何人か通ってきた男性の中から好きな人を選び、その人を夫に指名する。そして子育ては共同体で行う。おおらかな制度だが、現代人の様にシングルマザーが苦労したり、男性や男性の家に夫属する女性の如く扱われ、尊厳を傷つけられることもない。

古代日本も、通い婚制であり夫は「妻問い」をし、女性の家へ通っていた時代があった。ヤマト王朝の時代からは男系女系の系嫡混濁が始まり、かつて古代日本にも存在していた女王や女系主義は男権国家に代わられていったので、北方渡来系のヤマト王朝と比べれば、寧ろ女王とは前時代的な存在だ。

ヒミコの墳墓

奄美大島では最上位の巫女のことを大巫女「フミコ」というが、中国江南地方から渡来して来たヒミコの一族と無関係ではないと思う。南西諸島を経由し九州に渡来した足跡だ。

ヒミコの埋葬や陵墓のことは中国の魏志倭人伝に詳しく記されているが、福岡県糸島市の「平原遺跡」で女性の腕輪をつけ宝剣を抱いた女王の墓がみつかり、大日霊貴（オオヒルメ）の墳墓とされているが、ヒミコの墓ではないかという説がある。男王と女王が埋葬された遺跡ではなく、ヒミコほどの女王の埋葬が確認されたという遺跡はそうは無いのだ。

日本の考古学的な限界で、多くの陵墓が「皇室関係墓所」として宮内庁により発掘調査が禁止されている。宮内庁が「関係がある」と言えば、関係の確認調査ができなくなるという、矛盾したシステムなのだ。したがって、日本の考古学ほど未達なものはない。ヒミコと大日霊貴が同じとは限らないが「○○陵である」という伝承を確認することが決してできない状態の中では、現状で「女王の墓」と確認ができる遺跡の中から候補を探すしかない。

皇室に関わらず亡くなられた方の陵墓を暴くこと自体、日本人の子孫としては気持ちの良いものではない。宇佐神宮をはじめ大概は古墳の上には神社が祭られていることが多いので、発掘調査をしないのであればそうした神社の社伝や地域の伝承をもっと丁寧に読み取っていけば良さそうなものだが、「実在しない民間伝承」などと軽んじる傾向があり、なんとも言えない閉塞さを感じる世界だ。

宮崎県高千穂の天岩戸神社の様に大日霊貴と天照大神が別々に祭られている神社もあり元々別の存在だと思われるが、概ね「天照大神と同じ神である」として一緒に祭られているので、天照大神説では

ヒミコ＝大日霊貴、そして、大日霊貴＝天照大神となる。

（※大日霊貴＝中国の王女＝神功皇后という伝承もある）

太陽神などは象徴的であるが故に習合され、何柱かの神様が一つの神として祭られている事は多いが、日本の市杵島姫と、インドのサラスバティが、水の女神「弁財天」として一つに習合して祭られている様に、同じ神であっても元々、同一人物だったという訳ではない。

それにしても何故、ヤマト王朝の歴史にヒミコは登場しないのか？

ヒミコの死後は、男王ではだめでトヨ姫が女王を継いだので、天照大神の後に男王が続くヤマト王朝の皇統の話とは全く違う。中国側も、「倭」と「東倭」は別の国として認識していた様であり、和

王と女王とを別々に認めている。

中国の魏志倭人伝は九州王朝の歴史を記し、日本の古事記・日本書紀はヤマト王朝の歴史を記したのでヤマト王朝に「ヒミコは登場しない」と考えた方が自然だ。古事記を記した八世紀頃のヤマト王朝は、ヒミコの存在を知らなかったか、たとえ知っていたとしてもそれは封印されたのだろう。

天照大神の方も神話のベールに包まれたままの謎の存在であり、ヒミコに劣らず諸説ある。

太陽神ではあるが、天孫族の天氏（あま氏）は阿海氏ともいうので、海（アマ）を照らしてやってきた海の神という側面もあるかもしれないし、高木の神など男性神として考える場合もあるし、古代の日本が女系国家であった事を考えれば「血統聖母」と言える様な女王が存在していた訳であり、その女王を天照大神として考えることもできる。

女性神であれば大日靈貴、瀬織津姫、ミツハノメ、オオゲツ姫や、豊受大神がいる。太陽神ということであれば、天照魂大神、天照国照彦火明命（京都・愛知・奈良・対馬に祭られる）、という男性神も考えられるが、女性神で太陽神であるということでは、別の王統とはいえやはりヒミコが真っ先に候補に上がるのだろう。

ヤマト王朝の行方

三世紀～四世紀がヤマト王朝の始まりとなってくると日本の歴史は根こそぎ覆り、ニニギの命も天照大神の子孫たちが活躍した時代もまるごと何処かへいってしまう。

今はまだ私達は邪馬台国が何処にあったかなど知り様がないが、知らないでいる事が良いとされていた時代はもう終わり、これからは色々なことが覆らなければならない。今後は、この分野の研究は改善されていくだろう。

日本の歴史は権威によって支えられ、学術的な根拠や確証によって支えられてきたという訳ではない。「実在が確証されていない＝実在しないので確認の必要は無い」という根拠調査そのものを否定してしまうロジックがあり、まだまだ未達な分野なのだ。

歴史家の多くは古典主義（古事記・日本書紀のみを拠り所としてヤマト王朝だけに特化した歴史）を信じていて、第二十一代雄略天皇あたりで実在を確証する根拠があるとされるが、それ以前の古い時代は否定論が多く「では、どの様な王がいたのか？」という事案には踏み込めてはいなく、巷間にとってはまだまだ知られざる奥行は深い。

一方で、権威とは別に地域の人々が大切に守り続けてきた伝統というものが日本には沢山残されている。私たち日本人が、先祖からの伝世品や伝統を大切に残してきたことは、世界の人々からは時として驚きと共に、日本人の良さとして映ることもある。外国人から見ると、ビルとビルの隙間に小さな祠《ほこら》が残されていたりするのも有り得ない事らしい。

「何故、アレは消滅しないのか？」

支配者によって弾圧され、徹底的に破壊されたりして、古いものは残らないし、残せないのが世界の常の様だ。戦後、ＧＨＱの統治下では「刀剣を作ってはいけない」となったが、伊勢神宮の神剣だけは打たれていた。なんとしても伝統を継いでいくのも日本の良さなのだろう。

博多の山笠、京都の祇園、徳島の阿波踊り、諏訪の御柱祭、青森のねぶた祭り等の伝統行事は、もはや宗教行事という枠を超え、人々が一体になってつくり上げてきた歴史のある無形遺産だ。元々、神事は神官が行い、民衆は祭りを行うという二重構造があったが、本来、まつりとは「まつろわぬ者＝他国民」ではなく、「まつろう者＝国民」が行う国民行事であり、祭りの主役は民衆であった。

京都の祇園などは、織田信長による比叡山の焼打ちにより中止命令が出ても氏子衆は「神事なくとも山車渡したし」としている。徳島の阿波踊りにしても然り、戦火の中も、天災を乗り越えても、そこで生きている人々が受け継いできたものを連綿と守り続け、それが千年二千年と時を超え、これ程各地に沢山残されているのは、日本の良さなのかもしれない。

コミュニティーが積み重ねてきた行事には霊的な意味があり、当たり前の様に存在している先祖から受け継いできた共有の「フィールズ」にこそ類まれなこの国の神聖さを感じる。

島人ぬ心

以前沖縄に住んでいた頃、うちなんちゅー（沖縄人）の歴史好きの方から島国意識というものを教えて貰ったことがある。

「沖縄の人は外から入ってきたものでも、一度自分たちの文化として取り入れると沖縄独自の伝統だと思っているんだ。例えば沖縄の挨拶『めんそーれ』は、室町時代の言葉『御候』（おんそうろう）が語源でヤマト言葉なんだけど、沖縄の人にこれを言うとみんなムッとする。うちなんちゅーの僕が言ってもそんなだから、ナイチャー（内地の人）は絶対にこれは言っちゃだめだよ。」という。そうだったのか……。

「もはや自分達のオリジナルだ」としても、起源が外来である事まで否定すれば、それは閉鎖的な言葉でも例えられるかもしれない。外から来たものを受容し、沖縄の文化として受け継いできた『島人の心』は他に比べるものが無い程、素晴らしい価値があると思う。なので、琴線に触れ信念として持っていた伝統意識が揺らぐことがあったとしても、外来そのものを感情的に否定してしまうのは残念だと思う。内地の方が、よそ者に対する警戒心は強いし沖縄の「いちゃればチョーデー」＝一緒にいれば兄弟という垣根の無い同胞意識は、私達の多くが失ってしまった見習うべき平和な共存意識だ。

本土日本でも、外からやってきたものを受け継いで、自分たちの伝統としていることをもっと誇りに思っても良いと思う。沖縄の言葉で言うチャンプルー※文化こそが「島国文化」なのだから。

京都の祇園祭も浅草の三社祭も、元は海の向こうからやってきた神様であったとしても、それを日本の伝統として残している事が素晴らしい。四方を海で囲まれている日本は、それぞれに海の向こうから来た由緒があり、それらがひとつひとつ大切に残されている伝世国でもあり、たとえ僅かでも残すのが日本人の素晴らしさなのだと思う。（※チャンプル＝混ぜこぜ）

次章では、ヒミコ同様にヤマト王朝には登場しない歴史の裏側と、広い海の向こうからやってきた人々について、「島国」ニッポンを探ってみたい。

第Ⅴ章

秦氏の謎とユダヤ渡来説

秦一族の渡来

日本・ユダヤ同祖論は定着して久しく、昔から多くの説が語られている。中国で景教徒と呼ばれた『キリスト教ネストリウス派』（原始キリスト教）の人々が、中央アジア～中国北西～大陸北ルートで朝鮮半島を経由し、日本列島にやってきた。ネストリウス派とは、キリストの神性だけでなくマリアの神性や、人間としてのイエス・キリストを認めていた為、キリスト教から排除された人々だ。キリスト教と言うより、キリストがまだユダヤ教徒（エッセネ派）だった頃のユダヤ教に近いと思われる。紀元四百年頃、中国北西にあった景教徒の国「弓月国」から和国への亡命があったが、その時に渡来してきた秦氏からまず触れてみる。

ユダヤ系渡来説の中でよく語られている「秦氏」（はた氏）は、紀元前二百二十一年に中国を統一した秦の始皇帝の流れを汲む末裔であり、弓月国の融通王と共に日本に渡来してきた。途中、百済で百二十七県の民一万八千人を率い、その後、新羅に足止めされていたが、応神天皇は精鋭部隊を朝鮮半島に送り新羅を威圧。航海の大族・壱岐氏の協力で、秦氏と弓月君らは無事に対馬海峡を渡り、秦氏は当時の日本の最大渡来氏族となった。融通王の父・功満王も、日本に亡命してきていてその時は、応神天皇の父・仲哀天皇が亡命させた。

日本の天皇が親子二代に亘り亡命を助け、新羅が足止めし、百済の民が従い、壱岐の島が船を出し渡航を助けた、弓月国王と秦氏とは何者だろうか？

秦氏は渡来後、大分県の宇佐・国東半島で『秦王国』を構えた。中国の秦の末裔だった彼らは、遣隋使の時代には通訳として活躍し、隋からの初の使者は『秦王国』に立ち寄るなど、日中を結ぶ貴重な存在となった。そして、秦氏を率いた秦河勝は天皇から山城の国（京都太秦）を拝領し、大分から京都へ拠点を移していった。

秦の始皇帝は、母方がユダヤ系と言われ中国人離れした彫りの深い顔立ちだったらしい。その末裔である秦氏もユダヤ系と言われ、秦河勝もその末裔であり、その秦河勝の末裔という羽田（ハタ）元総理大臣も日本『徐福協会』※の名誉会長を務めていたので、秦国と秦氏はやはり時代を超えた縁故浅からぬ関係がありそうだ。（※秦の徐福に関する日韓中の協力団体）

秦氏が拠点とした京都太秦には「三角鳥居」で有名な木島坐天照魂神社がある。三角鳥居は、もともとは『景教』＝キリスト教ネストリウス派の遺物と言われ、全国でも珍しくここ京都太秦と長崎県対馬の和多都美神社くらいにしかない。京都太秦には三角鳥居の他に、大避神社（大酒神社）、広隆寺（太秦寺）、松尾大社と秦氏由縁の寺社が点在していてその史跡を伺うことができる。東映映画村の近くの大避神社には、秦の始皇帝と秦河勝がひっそりと祭られていて、「大避」は簡略化された漢字で正式には「大闢」と書くが、大闢とは中国語で＝ダビテで「ダビテ神社」ということらしい。（ダビデは、エルサレムを都としてイスラエル全土を統治した王）

秦氏が市杵島姫を祭る松尾大社では、神像館にて市杵島姫の像と秦氏の系図も見られる。

渡来後の秦氏は、朝廷ではずっと大蔵省を務め経済と流通の発展に尽力して富を築いてきた。財界のドンといった存在だろうか。目立たずに裏から朝廷と結びついてきた一族で、先進的な干拓事業や鍛冶製鉄を日本全土に広げ、全国に秦一族の氏神である稲荷社を祭り殖産を祈り、養蚕と「呉服と漢服」の機織りを民に教えた。秦氏が祭った大分の宇佐八幡宮は全国四万四千社八幡宮の総社で、秦氏の氏神でもある稲荷社も合わせると全国で六万社以上となり日本の神社の大半は秦氏ゆかりの神社なのだ。

そして、【壱岐】月讀の命　【秦氏】弓月の君　【八幡宮】神功皇后、

この三者は関係がある。次に渡来後の、秦氏と月弓命と、皇室の関係を掲げてみる。

秦氏の四百年

4世紀、

神功皇后の夫・仲哀天皇は、キリスト教ネストリウス派の弓月国・功満王を亡命させ、神功皇后の子・応神天皇は、秦氏と百済百二十七県の一万八千人の民と、弓月君（融通王）を亡命させた。渡来後、秦氏は大分県の国東半島で「秦王国」をつくり拠点とした。

5世紀、

顕宗天皇に、阿閉事代が任那に向かう途中壱岐の島で「月読命」を山城国（京都）に勧請する様ご神託を受けたと奏上したところ、山城国葛野に神領を下賜され、壱岐島の『月讀神社』の神を分祀して壱岐県主の押見宿禰に『葛野坐月読神社』を祭らせた。

6世紀、

欽明天皇は「秦氏を味方につければ天下を治められる」という夢を見て、秦氏を呼び出し味方につけた。月読命の御神託があり勅命によって「壱岐島」から、神功皇后の月延石が山城国葛野の『葛野坐月読神社』に奉納され、祭祀は秦氏であった。

7世紀、

聖徳太子は「月氏の国は聖人の国である」といい月読命を崇敬していた。秦氏は聖徳太子を支持し、秦河勝が聖徳太子の側近となって活躍する。秦氏は京都の山城国に土地を拝領して開拓し、山城国葛野の松尾社の近く京都太秦に『太秦寺』（広隆寺）を創った。

8世紀、

文武天皇の勅命で、山城国に『松尾大社』の社殿が、秦氏によって造営された。宇佐にも秦氏が崇敬する『宇佐神宮』（宇佐八幡宮）の社殿が造られ、神功皇后・応神天皇・姫神らが祀られる八幡宮が創建された。

桓武天皇の頃、かつての平城京は奈良仏教勢力の都だったが、「日本のエルサレム※」と言われる京都の平安京に遷都した。この時にも活躍したのは秦氏で、全財産を投げ打って都市計画から建設までを担った。（※平安京をヘブライ語にするとエル・サレームとなる。）

四百年間、歴史的な大人物の輩出が続いていた訳ではないが、皇室とは確固たる結び付きがあった。秦氏が祭った宇佐神宮（宇佐八幡宮）は、伊勢神宮に次ぐ天皇家第二の祖廟と言われ栄え続け、奈良時代には伊勢神宮をしのぐほど繁栄していたという。又、応神天皇が秦氏を亡命させたのではなく、亡命してきた秦氏こそが応神天皇であるとの説もあり、そうだとすれば天皇家第二の祖廟とは、応神天皇の祖廟のことだったのかもしれない。

秦氏が皇室と共に歩んだ歴史と比べ、壱岐の月讀命は寧ろひっそりとしている。全国に影響力のある秦氏が、天照大神やスサノオ命の兄弟で、関わりのある月読命をなぜ広布しなかったかが不思議だ。わざわざ秦氏の本拠地の山城国に月読神社を祭るほどなので、月読命を排除している訳ではない。月読命とは、どんな神様なのだろうか。

聖人の国『月氏国』

壱岐の月讀神社は全国月読神社の元宮で、海里宮とも呼ばれていた。月読命は、黄泉の国から戻ったイザナギが禊をした時最後に生まれた神々で、天照大神とスサノオの兄弟であり三貴子と称されるが、他の兄弟と比べて影が薄く謎が深い。架空の神様では？　という説も出るほど存在感がなく実は、男性神なのか女性神なのかさえよく分かっていない。

天照大神、スサノオを祭る神社は数万社とも言われるが、月読命を祭る神社は全国で八十数社しかないという。これは、古事記や日本書紀に一切登場しない『瀬織津姫』を祀る神社よりも少なく、隠れキリシタン寺より少ないかもしれない。兄弟神というよりもはや隠し子的存在だ。なぜこんなに希少なのか？

月読命は聖徳太子が「聖人の国」と言っていた月氏の国とも関係があるのかもしれない。

『月氏国』は紀元前2世紀頃から紀元1～2世紀頃まで栄えていた西方の国だ。中国の北西でシルクロードを治めていた強国だったが、匈奴の侵攻によって東西に逃散した。後に、月氏国があった場所には弓月国が興るが、月氏の一部はビルマ方面にも逃げ（小月氏）紀元一世紀頃に南海ルートを北上して九州まで逃げてきたと言う。

九州と朝鮮半島の間にある壱岐の島には「一支国」という国があり、海のオアシス国家として交易で栄えていた。月氏もここに立ち寄ったが、九州の強国・奴国との接触を避けそのまま朝鮮半島に渡って「月支国」を造った。百済はまだ前身の「伯斉国」という小国で、朝鮮半島は小部族の国が多く、月支国は半島の馬韓地方の中心勢力になった。後に百済が建国され月支国も百済の一部になったが、秦氏と弓月君に共に従い、百済から日本にやってきた一万八千人の百済の民とは、この月支国出身の人々だったのではないだろうか。

月氏国は、元は西アジアから来た民族の国だ。中国敦煌の西方にあり戦国時代の中国とは秦と接していた様だ。母方が「ユダヤ系」と言われる秦の始皇帝が後顧の憂いなく中央へ進撃することができたのも、この後方の関わりがあったからという可能性もあり、母方のユダヤ人とは月氏国の人だったのかもしれない。又、秦王朝滅亡時に最初に秦を制圧した劉邦将軍は非常に寛大だった為、後に大虐殺をする項羽将軍が乗り込んでくる迄の間に、秦の王族の一部は西方の月氏国へ逃げた可能性もある。もしそうだとすれば、その王族の末裔達も月氏国でユダヤの血を色濃く引いてきたはずだ。

時代が下り、月氏国は無くなり「弓月国」が誕生したが、この時は中国の属国の様な状態になり万里の長城の使役に民が駆り出され苦しめられていた。弓月王はこの圧力に耐えかねて、中国の影響が及ばない安全な日本列島へと亡命した。弓月国があった場所（キルギス）には、「ナラ」「ヤマトゥ（ヘブライ語で神の民）」という地名があり、日本の奈良・大和の語源ではないかとも言われている。

弓月国の王が、日本列島を目指すことができたのは、安全な亡命地である事を知っていたからであり、天皇が助け、壱岐氏が渡航を助け、百済の民一万八千人が従ったのも、大切な貴種であるという事を知っていたからに他ならない。月読命は、幾つかの訓みがあり月弓命ともいう。月の聖人と月の一族の信仰は、月読命として、その存在を知る人々達だけで大切にされ、広布することもなく密やかに祭られてきたのかもしれない。

弓月国の融通王は通称「弓月君」と言われているが、「弓月君」と融通王は、実は別の人物だという説もあり、そうだとすれば弓月の君もやはり相当な貴人だったのだろう。

日本に残るユダヤの謎

ユダヤ人の国は紀元前にアッシリアやバビロニアに滅ぼされ、そのうち『北イスラエル国』にいた十支族は地上から姿を消した。消えたイスラエル人の中には、遠くアジア世界の果て日本列島にまで逃げてきた支族がいた可能性がある。

日・ユ同祖論では、天孫降臨の高天原【タカマガハラ】とは西アジアのエイブラハムが住んでいた【タガーマハラ】であるとの説があり、日本の始祖神イザナミ・イザナギも旧約聖書のイザヤ夫婦の転訛《てんか》ではないかと言われる。「君が代」はそのままヘブライ語でも意味が通じ、巷説の世界では神道とユダヤの多くの共通点が語られている。礼拝所の造りや手水舎、禊（ミソギ）のことはヘブライ語で「ミソグ」と言い、神官の衣装や神輿の類似など枚挙に遑がない。そして、ユダヤ人にも「失われた支族が日本人になった」「日イズル国から救世主が現れる」などの預言が残されていたという。

本書のタイトルである「聖なる国 日本」のブログでは、モーゼの「契約の箱」が隠されたとの説がある四国徳島の剣山と、平家の落人村のクリスト神社（キリスト神社）や、ユダヤの神殿アラッドと同様な石造りの磐境神明社について書かせて頂いた。この地域には、前駐日イスラエル大使やユダヤ研究家を驚かせたユダヤの伝統が残る。

日本はささやかでも残すので、確かにイスラエルの失われた伝統は残っているのだろう。しかし、それなりに痕跡らしきものがあるならば日ユ同祖論を考える時に「割礼」の痕跡がそれほどない事に疑問を感じていた。寡聞にして私が知らないだけかもしれないが、「割礼の井戸」や「割礼神社」など伝承だけでももう少し残っていても不思議はない。原始キリスト教にはそれほど割礼の習慣はないか、又はそれほど原理主義的ではない古代イスラエルの系譜の人々だった可能性もある。

失われたイスラエルの秘宝アークの箱は日本の神輿と意匠が同じで、お神輿の起源と言われる。元々、日本神道には神輿を担ぐ祭事の習慣はなく大分県の宇佐神宮が日本の神輿の発祥という事なので、もしもユダヤ人の渡来が紀元4－5世紀前後ならば、その頃に秦氏に祭られた宇佐神宮は日本の御神輿の発祥の地であり、関係があるのかもしれない。

ユダヤ系の秦氏やキリスト教ネストリウス派の貴人の渡来は確かにあったのだろうが、まだ月夜に遠くを見るようでボンヤリとしていて形をみることはできない。日本神道の由縁がイスラエルにあるとしても、弥生時代か縄文時代どちらかに渡来起源を求めるなら、やはり海外からの渡来が続いた弥生時代以降の事だろう。もしも、縄文に繋がる古祭祀があるとすれば日本の中でも独特の祭り方が残る諏訪や沖縄、アイヌだけではないだろうか。

シーピープル

イスラエル人ではないが、西方からの渡来が考えられる「海の民」という存在がいる。アッシリアやバビロニアの勃興があった二五〇〇年前頃、かつてイスラエルの海岸線に住んでいたペレステ人（パレスチナ人）が、パレスチナの地を失いペルシャ湾の沿岸まで逃れていた。彼らは「海の民」と呼ばれた多民族海洋集団で、実態はよく知られていない。地上を追われたシチリア人・エルトリア人・パレスチナ人などが集まり、地中海を領域として一時は沿岸諸国を震え上がらせた人々で、鉄の国ヒッタイトを滅亡に追い込み鉄器を各地に広げた担い手でもあった。イスラエルの海岸地域を拠点とし地中海狭しと暴れ回っていた彼らも、アッシリアが隆盛になるとペルシャ湾沿岸にまで追いやられ、アッシリアがバビロニアに滅ぼされた後、二三〇〇年前には姿を消していた。

日本に鉄が伝わったのは紀元前三～四世紀頃、稲と鉄が南方から九州に伝わったと考えられている※。紀元前四世紀頃、最古の鉄器は福岡県伊都島市で発見され、熊本の貝塚では鉄斧も見つかる等、最古級の鉄はやはり九州が多く朝鮮半島からの北方系の鉄器も多い。

（※東北の縄文遺跡からも中国製の鉄器は出土していて、必ずしも南方渡来だけという訳ではない）

西アジアで鉄器を広めた「海の民」が、ゆっくりと南海航路で東アジアに到達したとすると、時代的にも繋がるので、製鉄を持ち込んだ渡来部族の一つが海の民だった可能性もある。

「海の民」と関係があるかは分からないが、綿津見（ワダツミ）という海の神を祭る「海神族」が、九州の対馬を拠点として対馬の真珠浜に「磯の城」を築き、龍宮という都を構えていた。海神族は九州に稲作を伝えた一族で、海神族の玉依姫が鹿児島の種子島に赤米を撒いたという伝承があるので、やはり南方からの渡来部族だった可能性がある。

海神族の王女・豊玉姫はコノハナサクヤ姫の王子と婚姻して九州の敵を征圧し、海神族の安曇磯良将軍は拠点を福岡の志賀島（しかの島）に遷した。戦いは「宝玉で潮を操り勝利した」とあり、その宝玉は大分県の国東に納められたという。

前述した秦氏の「秦王国」があった場所だが、秦氏も製鉄を伝えた一族であり時代的に離れているが、何かしら繋がりがあったのかもしれない。

福岡の志賀島（しかの島）は小さな島だが、「漢委奴国」の金印が発見されたり、「君が代」発祥の地であったりと特別な聖地の様だ。志賀島の志賀海神社にはワダツミや安曇磯良が祭られているが、安曇磯良（あずみいそら）の名も、アドミ・イスラというヘブライ語由来かもしれない。イスラ－エルのイスラとは戦う意味で、戦う・管理者（アドミ）…将軍と言う意味だろうか？　君が代のヘブライ語説と共にイスラエル由来を彷彿とさせられる。

そして何故か、志賀島の志賀海神社には鹿の角が二万基も奉納されている。鹿は北東アジアの扶余族のトーテムだと言うが、神獣をそれほど供物にするとは考え難く、茨城県の鹿島神宮でも「鹿園」はあるが角二万基も奉納されているという事はない様だ。

海の民が西アジアを発ったのは、強国だったアッシリアがバビロニアに滅ぼされた頃だったのかもしれない。かつて、海の民のパレスチナ人はユダヤ人を支配下にしていたことがあった。当時のイスラエル人（ユダヤ人）の支配層達はアッシリアの「名もなき奴隷」にされていたが、アッシリア滅亡後に解放され或いは、海の民と共に下級水夫として海を越えて日本にやってきた羊飼いの民（ユダヤ人）がいて、

日本には羊がいなかった為、代わりに鹿を捧げたのかもしれない。※

（※ユダヤでは羊と鹿肉だけが、食することが許されていた。）

第VI章

スサノオ

海の向こうから来たスサノオ

海神スサノオは、海の向こうとの繋がりをしっかりと感じさせてくれる神様だ。縄文時代晩期から弥生時代前期、海の向こうから弥生人達の渡来が始まり日本列島に水稲や製鉄を伝えたが、彼らが何処から来たかについてはまだ多くの事柄が解明されてない。前章で挙げたユダヤ系、月氏、海の民や海神族などは南方からの渡来人の様だが、スサノオは北方からの渡来人として最も知られている、弥生時代の代表的な存在だ。

日本書紀に一書曰く「スサノオは新羅に天下った」とあるが、スサノオは高天原から新羅を経由して出雲の国に天下った。朝鮮半島側、韓国慶尚北道には「高天原」という地名があり、スサノオと習合し同じ神として祭られる「牛頭天王」の御名の由来である牛頭山があった。旧大日本帝国が朝鮮半島を統治し朝鮮総督府が置かれていた頃は、比定地には神社が祭られた程、由縁は濃い。

スサノオの別名「牛頭天王」に由来する牛頭山は、南インド、中国温州、日本の中国地方にそれぞれあるが、朝鮮半島には八カ所もあり、当時はスサノオが天下ったという由縁の地を、ドラマ「冬のソナタ」で有名な春川市にあった牛頭山を比定地として江原神社（旧春川神社）にスサノオを祭った。慶尚北道の浦項には、新羅の海辺から出雲に渡った夫婦の銅像があり、その夫婦は出雲に稲作や製鉄を伝えたというのでやはりスサノオと関係があると考えられている。

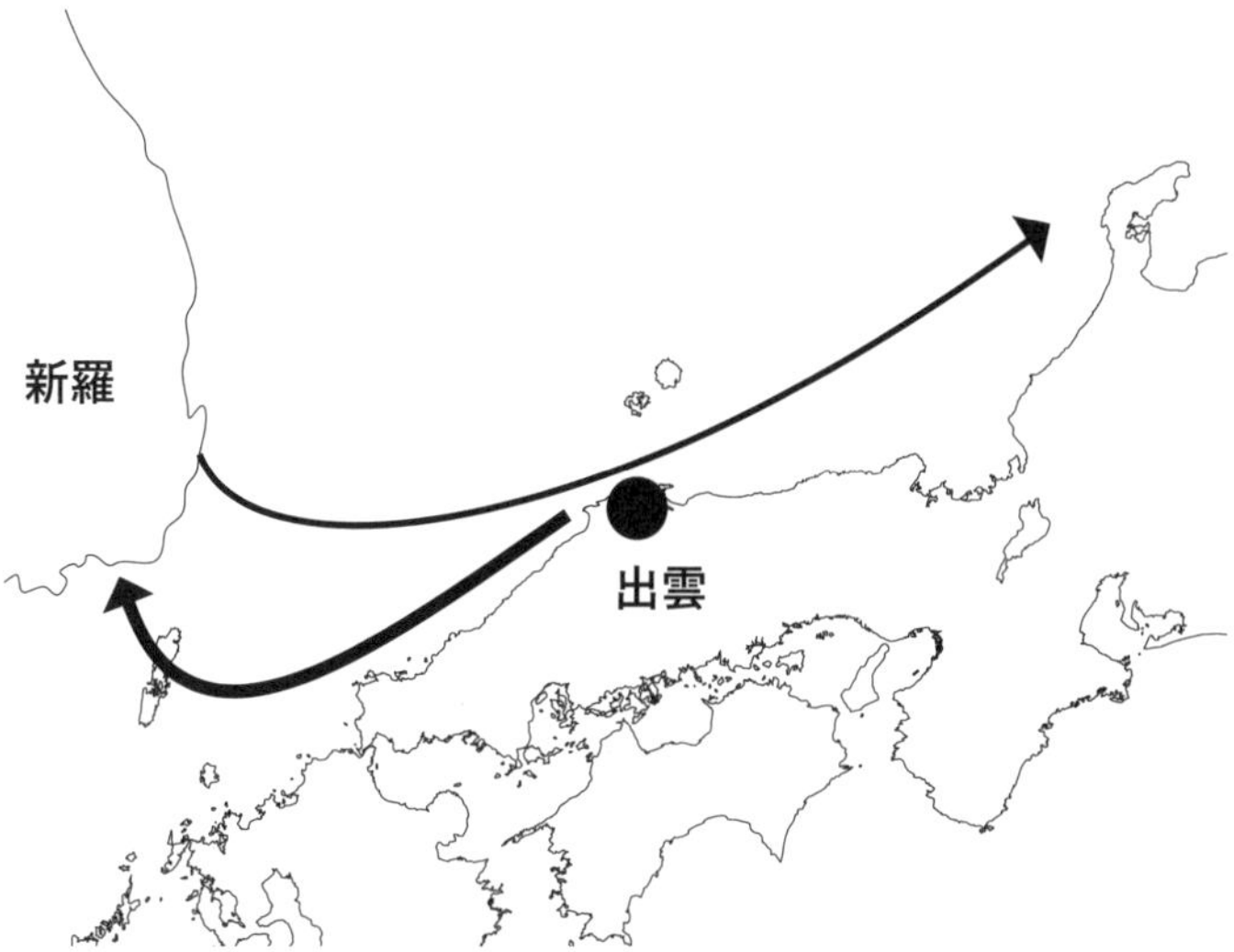

スサノオの新羅（旧・斯蘆国）からの渡来跡は日本列島側にも多く、島根県大田市や五十猛町にはスサノオと息子・五十猛命が新羅と行き来していた伝承や寄港地が残されている。（韓神新羅神社、五十猛神社）

国境の島・長崎県対馬から韓国釜山までは50㎞ほどで、韓国展望台からは釜山の夜景が見える。その近くにある島大國魂神社は、スサノオが新羅のソシモリに向かう時の行宮跡地に祭られていた。那須加美ノ金子神社は、スサノオと五十猛がソシモリに八十種の種を持っていったが植樹はせず、持ち帰ってきたという寄港地に祭られ、対馬にはそれぞれにエピソードがあって何度か行き来していた様子が窺える。

出雲から新羅の渡航は、帆の無い古代船や丸木舟での渡航実験が何度か行われ、十日程度のクルーズで行けることが確認されたらしい。釜山へは、沿岸航法で博多方面まで進み対馬海流に乗って壱岐島・対馬から釜山へいく。スサノオの拠点があった島根県出雲より福岡県までは寄港地が点在し、こう山（高山、甲山、神山）と名付けられた山が50㎞間隔程度で連なっていて、往来当時に目印としたランドマークの名残りだという。最後尾のランドマークだけ尾が付き「高尾山」と呼ばれている。

出雲への戻りは半島東岸よりリマン海流で南下し、日本海沿岸に沿って北上する対馬海流に合流して、あとは流れに任せれば島根半島、丹後半島、能登半島の何れかに着くという、現在も続く海流ルートだ。

海の神スサノオ

対馬のスサノオは親子で新羅を行き来した伝承が残されるだけあってか、息子の五十猛命（大屋彦）などと親子で祭られている神社ばかりで、京都の八坂神社や愛知県の津島神社（津馬＝対馬の語源）など本州の神社の様にスサノオと同一神とされる『牛頭天王』は祭られてなく、埼玉の氷川神社や出雲の様に「スサノオ・櫛稲田姫」が夫婦相神で祭られている神社もない。

古社が多く、まだ神社に拝殿や本殿など『社』が築かれる以前、磐境（岩くら）、神籬（ひもろ木）、神奈備山（ピラミッド型の三角山）など、木・岩・山を神の依り代として祭っていた露天祭祀の時代からの由緒がある。神仏習合時代の名残りはあり、密教寺院の様にロウソクを灯す燭台が本堂（本殿）の前に置かれている。逆にそれだけ仏教色が強いのに、仏教の神でスサノオと同一神とされる『牛頭天王』が祭られてないのが印象的だ。牛頭天王は仏教の聖地・祇園精舎の守護神というエピソードがあるが、特に伝来仏教による信仰ではない為に「和製仏教神」とも言われている。

西〜中部日本のスサノオ由縁の地は、新羅のソシモリとの繋がりの伝承が多く残り、新羅から日本列島に稲作や製鉄を広め植樹を行った、国土開発の神のスサノオの精励が偲ばれる。ソシーモリとは「牛の頭」という意味で、春川ではなく慶尚北道高霊のソシモリ山と呼ばれていた山が牛頭山（現・伽耶山）だ。（ソシモリ＝ソラボル。新羅の王都があった場所。現・慶州市）

日本では雅楽の「ソシモリ」と言う演目で残り、スサノオと息子の五十猛が出雲の鳥上之峰に来たストーリーが伝えられている。日本神話ではスサノオは高天原を追放された事になっているが、伝承では「新羅のソシモリには居たくない」と言って息子の五十猛と共に出雲に向かったという。巷説では、冤罪でありながらもスサノオは一族の罪を背負って高天原を出たとも言われるが、何れにせよ新羅から日本列島側の出雲の地へと向かわせる特別な事情があったことが推察される。（長崎県対馬から愛知県の津島神社（居森社）と熱田神宮にソシモリ神社が勧請されている。）

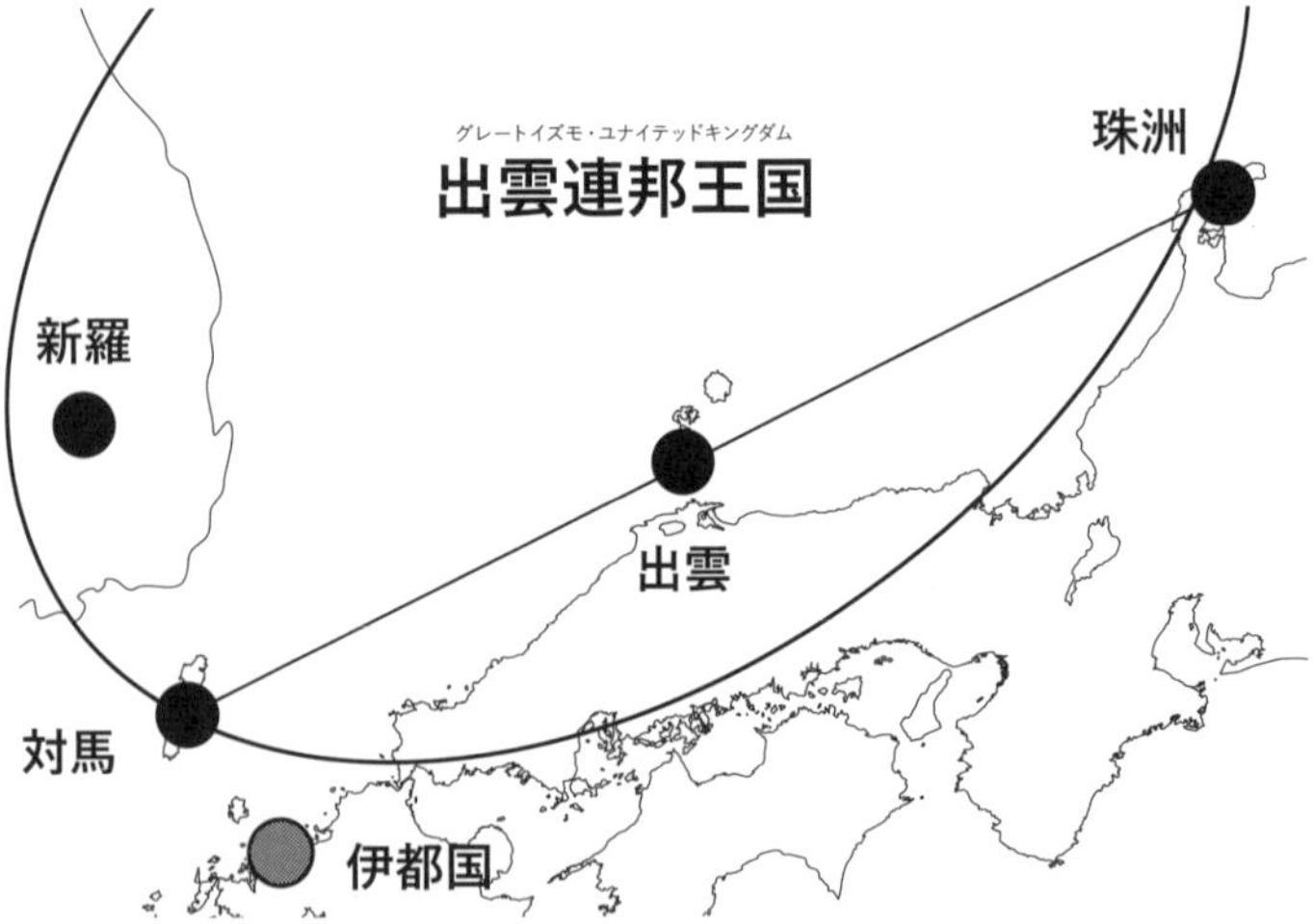

(出雲国引き神話時代、新羅から瀬戸内海側までが出雲だった)

出雲にはスサノオ生誕の逸話がいくつかあり、奥出雲の「稚児池神社」にはスサノオが産湯を使ったという池もある。出雲から海の向こうを「常世の国」といい、出雲を「黄泉の国」と言い対比させている事からも、スサノオ以前に母・イザナミも新羅と行き来があったと思われ、スサノオは出雲生まれの新羅育ちの王族だったのかもしれない。

対馬海峡にある長崎県壱岐の島は、紀元前から四世紀頃まで「原の辻」という都があり、日本最古の船着き場も発見されていて、半島と列島を行き来する海のオアシス国家として栄えていた。壱岐の島は平地が少なく食糧の自給ができず、海上交易だけで成り立っていたというので古代人の行き来は相当あった様だ。

九州の歴史を知る上で重要なのは、海を渡って来る人々の玄関口だったという事と、古代は朝鮮半島と日本列島の間に明確な国境が無かったという事だ。かつて、朝鮮半島南端から九州北部にかけては同一の海峡文化圏が存在し、カヤ、クヤ、クナ、クジェ、クジュ等、小部族のクニが連なっていた。約二千年前の製鉄部族の英雄・金スロを首長として海峡文化圏で栄えていたカヤ部族は、南海ルートでやってくる商人とも取引をするほどだったので、対馬や壱岐の島など海峡を渡る島々とも良好な関係であったことは確かだ。

日本神話ではスサノオは海の神とされるだけあり、かつては出雲も海峡国だった。半島南部は後に任那と呼ばれ、六世紀に和国側から新羅領となってからは列島と半島の間に国境が生まれ、現代まで続く。

出雲のスサノオ

出雲に行ったスサノオは、斐伊川の上流の稲田の里に行き、奥出雲一帯を支配していた製鉄部族「オロチ族」（ヤマタノオロチ）による被害に遭遇した。砂鉄を取る為の「鉄穴流し」という河の土砂を流して山を削る方法によって下流に大洪水が発生し、たたら製鉄では鉄の六十倍の薪が必要だった為、周りは全てハゲ山になっていた。スサノオはオロチ族を退治し、息子の五十猛は新羅から持ち帰った樹木の種子を植樹し山を再生させ、治水工事を行った。この鉄穴流しは、後々河の流れを西から東へと変えてしまった程だった。スサノオは、植樹の神・治水の神として祭られているが、当時は治水や製鉄だけでなくその被害対策も施したのだろう。そして、オロチ族から出雲の櫛稲田姫を助けたスサノオは出雲の王となった。この時、日本で最初の和歌がスサノオによって詠まれ、櫛稲田姫は埼玉の氷川神社や出雲の熊野大社にスサノオ妻神として祭られている。

スサノオは出雲国一の宮※【熊野大社】に食べ物の神として祭られ、出雲大社には祭られてはいない。早い段階で出雲からは離れ、和歌山県の紀ノ国（木の国）の国土開発に移っていった。和歌山県でも熊野本宮大社などでスサノオが食べ物の神として祭られているが、出雲の熊野大社の宮司が紀ノ国に移り熊野大社を祭ったそうなので、出雲が先である。

スサノオとその家族を祭る島根県の須賀神社も「日本初の宮」であり、出雲の起源は古い。後の中世の神仏習合の時代になり、仏教化した和歌山の熊野信仰は「熊野三山」として繁栄し、逆輸入の様なかたちで出雲へ戻り、一時は出雲大社のご祭神も大国主からスサノオに代わってしまったが、神領の減少と共に元へ戻ったので、信仰の変化というよりも三章で述べた中世のタックスヘイブン政策による一連の影響かもしれない。

（※一の宮＝その地域で一番の社格の神社のこと）

出雲大社の鎮火祭では毎年、熊野大社にスサノオが齎《もたら》したという火をきり出す臼杵を頂くが、この火嗣の継承儀礼が出雲に残されているのが、スサノオ二千年の由緒かと思う。

全国のスサノオ

スサノオは日本の先駆的な開拓者で、「木の国」とも言われた紀伊半島にも木の植樹を行っていた。現在も和歌山県は温州みかんや梅の名産地であり、果樹のプランテーションに適した土地だった。スサノオが祭られている和歌山県の熊野速玉大社や熊野本宮大社など熊野川沿いのルートは、神武天皇が上陸したとされるルートや徐福のルートと似ている。

和歌山県新宮市には「徐福」の墓があり、秦の始皇帝の命令で日本に来た徐福がスサノオ同様にやはり果樹栽培を齎した様な伝承が残り、スサノオ＝徐福との説もある。

スサノオを祭る神社は、八坂神社、熊野神社、氷川神社などがあるが概ね三系統あり、

出雲系「治水と製鉄の神」出雲の斐川や埼玉の氷川神社など河や製鉄の神として祭り、

海神系「海を治めた神」海神のスサノオは、対馬から九州沿岸や本州沿岸部に祭られ、

御霊系「牛頭天王」と習合した中世のスサノオは御霊信仰※の疫神として全国に祭られる。

中世のスサノオは、新羅からスサノオの御分霊を日本へ遷し吉備真備が広げていったという経緯があり、播磨の祇園本社「播磨国広峯社」や京都祇園の八坂神社の起源となっている様で、「天王さん」

の名で親しまれ全国に御霊信仰の天王祭が広がった。朝鮮半島から日本列島へ海を行き来した海皇スサノオの、半島由来の御神名が「牛頭天王」と言ったところだろうか。（※御霊信仰＝疫病は無念に亡くなった方の祟りであるとし、神として祭り呪いを封じるという中世独特の信仰）

氷川神社は、新潟県（越の国）の出雲崎に上陸した出雲族が、信濃川を遡り関東地方の埼玉県にまで進出し氷川神社にスサノオを祭った。氷川神社に大宮と言う地名が残るとおり、差し渡し二㎞はある大きな宮地だったようだ。

四方を海に囲まれている日本列島の沿岸部には、スサノオが海の守り神として熊野神社、八坂神社、八重垣神社などに祭られていて、夏にはお船祭りや神輿の海中渡御などが行われ全国の風物詩となっている。

東日本大震災の時には、スサノオを祭る神社だけが津波の被災を受けなかった事で、スサノオを祭る神社の空間配置が注目され、平安時代や江戸時代の大津波を体験したご先祖様達が、目標として祭ってきたであろう事が偲ばれた。ただ一カ所だけ、正面からの津波は免れたがサイドからの流水で被災してしまった神社があった（宮城県八重垣神社）。その時海に流されてしまったお神輿が、再び流れ着き戻ってきたという後日譚がある。津波被災を免れたというスサノオを祭る東北の神社を巡ってみたが、高台だけでなく広い平地の中でもよく安全な場所を見つけたなと、驚くほどピンポイントな場所に祭られていた。高台でも必ずしも見渡しの良い高い場所に祭るという訳ではなく、地元の方が参道の階段下まで水が来たと言っていたが「神社より高い場所へ」という避難目安になる配置だった様だ。

世界遺産にもなった熊野古道と和歌山県の熊野三山は、スサノオを祭る三つの系統の神社何れとも異なる特有の信仰を残す。出雲の様にスサノオを食の神として祭るが、三足カラスをシンボルとしていて、熊野三山※という名称どおり山岳仏教の修験場でもある。（※熊野三山＝熊野本宮大社、熊野速玉大社、熊野那智大社の三カ所。奥院を奈良の玉置神社とする仏教の修験場）

平安時代、嵯峨天皇は「スサノオこそが皇国の本主である」と詔し、その後の歴代天皇による熊野への御幸が続き後に「日本人ならお伊勢参りと熊野詣」と言われるほどに賑わった。

和歌山県の熊野は、ヤマトでも出雲でもない、独特な日本の故郷といった観がある。牛頭天王でなく「牛王」という名で祭るのも他社とは一線引いた違いを感じる。

火祭りが有名な熊野那智大社は、山岳仏教の修験場の名残りか境内にお寺があるのが特色だ。新宮市にある熊野速玉大社は、琉球王朝時代から沖縄と縁があり分社が沢山沖縄に祭られている珍しい神社で、熊野本宮大社は、高句麗のシンボルでもある三足烏をシンボルとしていて、日本では類例がない。二章で書いた、高句麗の東川王の王族らが上陸後に最初の拠点とした場所が、熊野本宮大社の場所なので、高句麗の三足烏が大切に残されているのも然るべきなのかもしれない。

スサノオは奈良で、娘婿となる「オオナムチ」と出会うことになる。スサノオと櫛稲田姫の娘スセリ姫はオオナムチと結ばれたが、スサノオは「葦原の醜男だ」と言ってオオナムチに試練を与えた。スセリ姫の助けで様々な試練を乗り越え二人は十種の神宝を手に入れた。

スサノオは「出雲へ行ってお前は兄弟を退け大国主となり吾が娘を妻にして、天に届くほどの高い宮柱のある宮殿を建てよ」とオオナムチに命じた。命じられたとおりオオナムチは世界最大の木造建築と言われる宮（出雲大社）を建て大国主となり、国造りを始めた。

二十世紀末、出雲市の荒神谷遺跡からかつて無いほどの夥しい数の青銅器が出土し、出雲大社境内では心御柱という直系三ｍもの柱が発見され、高さ四十八ｍの巨大神殿であったことが分かり、二十一世紀に入って出雲はようやく見直される様になってきた。

スサノオは奈良で亡くなり笠山荒神社に墓所があるとされていたが、最後は出雲に戻り出雲市の日御崎の隠ヶ丘か、須佐神社に眠るとも言われる。

平安時代、嵯峨天皇が「スサノオこそが皇国の本主である」と、詔した事は始祖を天照大神とする天皇家が何故スサノオを？　と、疑問が湧く。奈良時代の天武天皇系の時代から、ようやく天智天皇系が返り咲いたばかりの頃なので、天照大神を始祖神とした天武天皇系の政策を認めるという人だけでは無かったのかもしれない。神社で唱えられる大祓の祝詞の「吾が皇御孫命」とはスサノオの事らしく、天皇家の菩提は天智系を祀り天武系を祀らないというので、やはりどちらか？　という疑問は残る。

スサノオの王女たち

北方渡来のスサノオと南方渡来の女王との婚姻の可能性を考えてみる。スサノオには三女が生まれ、宗像三女神として福岡県の宗像大社に祭られている。宗像氏のムナカタは胸形、宗形とも書き、刺青を入れていた事に由来する等、語源は諸説あり、ヘブライ語説では、ムナカタン「約束の花婿」（又はムナケテー「定められた王」）ではないかと言う。

日本神話ではスサノオと天照大神の誓約により宗像三女神が生まれ、はっきりとどちらの娘なのかは良く分からない複雑な事情も読みとれるが、スサノオこそが「約束の花婿」だとしたら、花嫁は誰だろうか？　前章に書いたとおり、月氏国か西アジアから海の民と共に渡来したユダヤ人だったのかもしれない。宗像の御名で王女達は祭られ、スサノオが「定められた王」又はスサノオが女王の花婿であるなら、宗像三女神は次世代の女王であるはずだ。

スサノオの跡を継いだ大国主の別名は「大己貴」オオナムチと呼ばれるが、貴（ムチ）という最高神の尊称をつけて呼ばれる神は珍しく「大日靈貴」くらいだろうか。「貴」を「ムチ」と訓むのは独特で中国語にもない様な特殊な訓みだが、これはヘブライ語説では「モチ」の当て字で「見つける者」という意味だそうだ。宗像三女神も「道主貴」と呼ばれている。

宗像三女神は、田切姫、多岐津姫、市杵島姫、の三神で、神奈川の江の島神社、広島の厳島神社、福岡の宗像大社に祭られていて、「道主貴」（チヌシ・ムチ）とは航路を見つける者であり、北九州から瀬戸内海、太平洋沿岸に航路を見つけ進出していったのかもしれない。

スサノオの御妻神と言えば出雲の女神「櫛稲田姫」が知られるが、他に妃の名があり「大神市姫」といい、市杵島姫をお産みになられた神なのだろうか。女系主義で末子相続があったとすれば、末妹の「市杵島姫」こそが女王であり血統聖母の様な存在だったのだろう。又の御名を宇迦御魂と言い全国の稲荷神社に祭られている。これは、後世になり大分の宇佐神宮に姫神様（宗像三女神）を祭った秦氏が、民の豊穣の為にその名で全国に祭ったものだ。広島の厳島神社や、京都の松尾大社など、ユダヤ系と言われる平家や秦氏が、やはり宗像三女神の末妹「市杵島姫」を崇拝しているのも頷ける。

ちなみに宇佐神宮は、ヒミコの古墳との説があり、小椋山（亀山）という小高い丘の上に建てられているが、魏志倭人伝に「卑弥呼の墓、径百余歩」とあり、丁度その大きさに小椋山が合うらしい。拝殿の中央に姫神が祭られていること、もともと女神が降臨したことが信仰の起源であり、それが「宗像三女神」でなく「姫神」と名前を伏せて祭られていること等が、特別な女神の存在を想像せずにはいられない。宇佐神宮は伊勢神宮と共に天皇家の祖廟とされ関わりは強いが、伊勢神宮の方も比売大神宮とも言われたそうであり、姫神を天照大神とする説もある。

市杵島姫は中世に弁財天・サラスバティと習合され、水の女神・財運の女神・音楽の女神として全国に広がった。神仏習合の時代を経ても尚、人々の祈りに残り続けた。

そして、スサノオとその一族が辿ったと思われるルートには、宗像大社、出雲大社、熊野大社、熊野本宮大社、諏訪大社、松尾大社、三嶋大社と、数多くの大社が繋がっている。

次章では、スサノオの婿「大国主」の出雲の国譲りから、最後の王・建御名方の亡命先の諏訪までを追っていく。

第Ⅶ章

出雲の終わりと諏訪

グレートイズモ・ユナイテッドキングダム

出雲連邦王国の盟主を「大国主」と言い、出雲国（島根県）の大国主命は婚姻合併による連邦国を拡大してきた。出雲は、建国当初より新羅から日本列島にかけて、様々な他部族と結ぶことで礎を築いてきた国だ。敵対的な国にも妻問い（＝婚姻合併）をしていったので、大国主には沢山の政略結婚の王妃がいた。

九州の宗像より田切姫・湍津姫と姉妹二人を娶っていて繋がりは強い。隣国の『因幡の国』（鳥取県東部）とも婚姻合併を行い、因幡の白ウサギこと八上姫を娶っていた。そして、伯耆国（鳥取県西部）のスセリヒメがスサノオと櫛稲田姫の王女で大国主の正妃だった。

大国主は遠く越の国（新潟県）の渟名川姫にまで妻問いをし、渟名川姫は大国主と婚姻することになった。越の国の渟名川姫とは、

渟＝宝玉
名＝の
川の姫、という意味で、

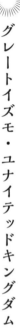

宝玉の姫である為、玉姫とも言われた。越の国は、福井県・石川県・富山県・新潟県の北陸四県にまたがる大国だ。その中でも渟名川（現在の新潟県糸井川市・上越市・十日町）は世界有数の翡翠《ひすい》の産地で、渟名川姫の一族は翡翠の産出と加工で栄えていた。翡翠は宝石でもあったが非常に硬く、石器を加工する道具に使われていた石で、翡翠そのものの加工は大変難しかった為、当時の人々にとってはダイヤモンドの様な貴重な宝玉だった。硬さではダイヤの方が上だが、割れにくさではダイヤを上回るほどの堅さで、特に「勾玉」は加工が難しく渟名川姫一族でなければ作る事ができない唯一無二の神宝だった。

翡翠の勾玉は、縄文時代～弥生時代くらい古くからあり、翡翠の加工自体は六千年前から行われていて、世界最古の翡翠の加工地が越の国の渟名川だ。縄文人が世界で初めて翡翠の宝玉に孔を開けた事により、渟名川の翡翠は世界最古のジュエリーとも言われている。定住型農耕民だった弥生人の領域が西日本と一部に限定されていたのに対し、縄文人には列島規模のかなり広い流通領域があった。特に縄文人が加工した渟名川の翡翠は、北は北海道の東端の網走から南は沖縄まで、全国各地から出土している。

日本の鉄器は二千三百年前の遺跡等から確認されているが、鉄そのものでなく鉄器で加工した遺物からも鉄器の存在は確証されている。翡翠の勾玉なども、形を加工するだけでなく、穴を開けたという事は鉄器での加工も考えられる。竹ヒゴと研磨材を使って開けたと想像する事もできなくもないが、竹ヒゴで開けた穴では径が違い、明らかに竹ヒゴより小さい径を穿った勾玉もある。現代でも翡翠の加工は超音波で穴を開けるというので、何れにせよ縄文人が穴を開けるという事自体が、もの凄い高度なテクノロジー（精密技術）だったのだ。

渟名川姫は布の姫でもあり「越後アンギン」という麻織物は、縄文時代から戦前まで普通に作られてきたらしく、渟名川姫の一族は宝玉とこの織物を各地に伝えていた。世界最古の漆に続く、日本に残されてきた世界最古級の伝承品だ。

渟名川姫と大国主（八千矛命）の婚姻は、製鉄で栄えた一族と宝玉で栄えた一族の大型合併だった様で、渟名川姫の一族は、出雲に宝玉の加工を伝え、出雲族は越の国に稲作と製鉄を広めた。

そして、二人の間には、王子建御名方（タケミナカタ）が生まれた。

建御名方は、長じて出雲の次期大国主となり、兄妹のミホススミ姫は両勢力の海洋拠点である能登半島と島根半島に君臨した。連綿と続けられてきた婚姻政策による出雲連邦の『国造り』はこれでクライマックスになり、建御名方王子は八坂刀売と婚姻を結ぶことになった。

この後、天孫族の侵攻による「出雲の国譲り」という事態になってしまい、出雲から越の国までを明け渡し、建御名方と妻神の八坂刀売、そして建御名方の母・渟名川姫は諏訪へ去っていった。

ヤマトと渟名川一族

ヤマトの初代・神武天皇には、妻問いした妃が二人いた。一人目の妃は、九州の有力部族のアヒラ姫で、二人目の妃は九州から東へ進出した後、ヒメタタライスケヨリ姫というセヤタタラ姫の王女と婚姻した。母娘ともに「タタラ」（製鉄所）姫を名乗り、大物主系の製鉄部族の姫だった様だ。

八坂・渟名川系の名は崇神天皇の時代にも登場するが、「神ヤマト」「神ヌナカワ」など、天皇の謚号（おくり名）に「神」という文字を冠しているのは、初代神武天皇と二代目綏靖天皇だけで、意味がありそうだ。

神武天皇の配下の大久米命という者が、タタラ族の長女イスケヨリ姫との婚姻を勧めた時に、イスケヨリ姫が大久米命が目の周りに刺青を入れているのを見て、

「何故そんなに目がくっきりしているのか？」と、尋ねたという。目の周りに刺青を入れるのは、海神族の安曇磯良の一族らしい。イスケヨリ姫と神武天皇との間には三人の兄弟が生まれ、三男は渟名川の首長（ミミ）で渟名川命と言う。

二代目綏靖天皇＝渟名川命　　妃・磯城県主姫
三代目安寧天皇＝磯城津彦　　妃・渟名底仲姫

天皇家と、渟名川一族は深い関わりがあった様に思える。これだと渟名川一族からと磯城からと交互に王と妃を輩出していた様にも見える。磯城（シキ）はヤマトの地名とされ磯城県主姫は初代神武天皇妃のイスケヨリ姫と同じ大国主系（大物主）の姫で五十鈴依姫と言う。ヤマトだけではなく、出雲族が進出した埼玉のシキ、海神族の都・対馬の磯の城だったとも考えられるが、「欠史八代」※だけを理由に、存在しない架空の存在にしてしまうには気になるところだ。（欠史八代＝初代神武天皇から第十代の崇神天皇の間の八代の天皇は、古事記・日本書紀にエピソードの記述が少ない為、歴史家の間では架空の天皇と言われ存在しないとされている説）

天皇家三種の神器のうち八咫鏡は伊勢神宮、草薙の剣は熱田神宮に保管され「八尺瓊勾玉」だけが天皇家にあるというので、これが越の国の勾玉ならば渟名川一族はやはり皇室と深い関係があるのだろう。神器・八坂邇（ヤサカニ）の勾玉の意味は、

八坂＝イヤサカ＝栄える
邇＝ニ＝麗しき宝玉の
勾玉＝曲がった玉で、八尺瓊勾玉とも当て字する。

越後の国風土記には「八坂丹は青い宝玉」と記されているので、ヤサカニは翡翠だった様だ。天孫

族への国譲りの後、渟名川姫の一族が越の国を去って諏訪にいくと翡翠の加工も産出する事さえも忘れさられていき、翡翠の勾玉は姿を消した。時代が下った後、柔らかく加工しやすい瑪瑙《めのう》で勾玉が作られる様になり出雲や奈良で代わって加工される様になった。

宝玉の姫、越の国の渟名川姫の存在が偲ばれる。

（渟名川姫は新潟県糸魚川市の渟名川神社、富山県高岡市の気多神社等に祭られる。糸魚川市の海望公園には渟名川姫と武御名方の銅像が出雲に向かって建っている。因みに糸魚川市に糸魚川という川は無く、姫川や布川など渟名川姫由来の川の伝承が残る。万葉集に「渟名河の底なる玉」と作者不明の歌があるが、或いは渟名底仲姫のことかもしれない。）

出雲の国譲りから諏訪へ

建御名方とご妻神の八坂刀売が結ばれた頃、天孫族は「国を譲れ」と出雲へ侵攻してきて、出雲の連邦国であった越の国も『国譲り』する事態になる。

建御名方と婚姻した『八坂刀売』は『八坂刀自』とも呼ばれていた。

一族の首長のことを『刀自』と言いヤマト言葉で「刀自＝戸主」という意味だが、一章でも挙げたとおり古代女系国家では首長は全て女性であり、里にあっては里戸主、一族にあっては族戸主となるので、八坂刀自は一族の首長だったと思われる。

信州には海神の姫としての伝承が残り、「海神族」ワダツミは本拠を九州から信州・長野県安曇野に遷しているので（穂高神社）ワダツミの女王であった可能性もある。長野県大町は旧・八坂村と言うので、八坂刀売はこちらから山を越えていき建御名方と婚姻したのだろうか。

出雲の国譲りは天孫族同士の内部の対立だったと言う説もあるが、もしかすると女系軸から男系軸へ移る様な嫡系の変化もあったのかもしれない。侵攻してきた天孫族に対し大国主は、「降伏するかは、息子の建御名方に任せる」と言い残して東へと逃げていき、建御名方は残された人々と戦ったが、天孫族の将軍に敗れてしまう。出雲・越の国を天孫族の王が支配する国へと譲ると、建御名方は三輪氏、鴨氏の残党らを率いて渟名川から遡り山深い信州へ向かっていった。（三輪氏は二代天皇渟名川命の兄・神八井ミミの命の末裔）

しかし、諏訪まで来て進軍を阻まれた。

突如として他民族に踏み込まれた諏訪の方では、諏訪の先住民で狩猟民族である「洩矢氏」が応戦した。両軍は何度か戦い決着がつかず一騎打ちで決着をつけることになり、建御名方側が勝利して諏訪入りする。天孫族側とは国境を越えない不可侵誓約を交わした。先住氏族である洩矢氏（守矢氏）は神事の長になり、建御名方命の第二子に姫を嫁がせ、建御名方が諏訪の大祝（大王）となることで、諏訪の新旧勢力の祭政合併は結着した。建御名方の母・淳名川姫は、鹿に乗って諏訪入りしてきた。（茅野市にある淳名川姫の居所跡という場所には御座石神社があり、淳名川姫が祭られている）

諏訪入りした建御名方は妻・八坂刀売や息子たちと共に、諏訪各地を開墾していった。八ヶ岳の向こう、瀬織津姫がいた隣の佐久地方にも進出し土地を開拓した。土地を開くことを土地を裂くと言うが、佐久の語源とも言われている。建御名方の父・大国主は静岡の三保へ妻・美穂津姫と共に降臨した。（静岡県御穂神社【御祭神】大己貴命＝大国主命　三穂津姫命。静岡の伊豆も出雲が語源と言われ、伊豆の三島には大国主の息子・事代主がやってきて国造りをしたとの伝承があり、三嶋大社に祭られている。）

太平洋沿岸の静岡の富士川上流からは諏訪郡富士見町の釜無川まで支流が繋がっていて、大国主は諏訪に「塩」を送る事が可能になり、たとえ日本海側から「塩どめ」されても諏訪は備えができる様になった。諏訪にとって塩は生命線で、多くの餓死者が出た天保の大飢饉でも諏訪の人々は餓死でなく塩不足で落命した程だ。諏訪の領主もまず塩尻峠（長野県塩尻市）で塩を止めることで領民らを支配したので、太平洋岸に諏訪の建御名方の父・大国主が降臨したのは、諏訪にとっても悪い事ではなかったろう。

朝廷側は独立王国である諏訪を半ば認めていた。史書にも「蝦夷は従っても信州は従わない」と苦言が記されているほどで、朝廷が積極的に諏訪へ介入する様になった平安時代までは、独立独歩の気風が続いていた。武士の時代になっても、坂東武者と呼ばれる武士の中心地となり、朝廷と一線を引く武家社会へと続いていく、日本の中では極めて特殊なエリアだ。

諏訪とは

諏訪は、ヤマト王朝という一つの系譜だけでなく、様々な文化の違う人々の存在を感じるスポットだ。諏訪大社・上社下社の四社も、実はそれぞれ違う部族や信仰を祭っていると言われている。

八ヶ岳山麓にある諏訪盆地は巨石が多く、噴火で飛んできた岩も多い。噴火前は、富士山より八ヶ岳の方が高く、日本列島の最高峰だったその頃の残骸だ。諏訪は日本列島を圧し折っているフォッサマグナ・糸魚川静岡構造線と中央構造線が交わる特殊な場所にあり、ユーラシアプレートと北アメリカプレートの境界でもある。そこに関東から九州を貫く、世界最長クラスの活断層が横切っている状

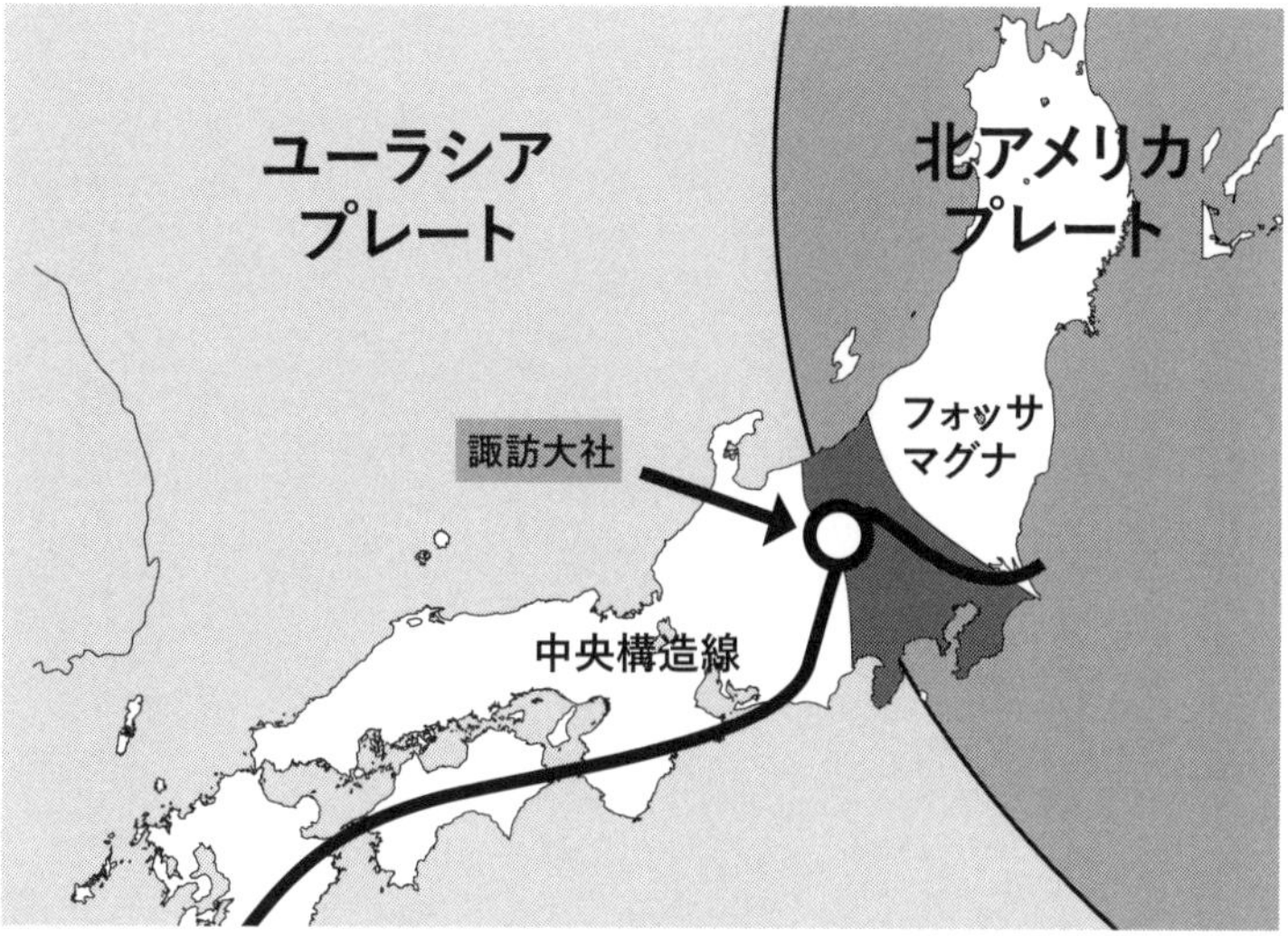

態という十字架の中心部だ。

地球と日本列島のセンターチャクラの様な場所で、それだけでも特殊なパワースポットの様な感じもするが、この場所は長野県諏訪市と茅野市の境界付近にあたり、ここに諏訪大社が祭られている。

「諏訪」というと諏訪市だけではなく諏訪盆地の地域全体を指して言い、岡谷市・下諏訪町・諏訪市・茅野市・原村・富士見町の六市町村のことを一般的に「諏訪」という。諏訪は全ての時代と接し同化しながらも、何故か力強い独自性を保っている様な神域で謎が深い。

諏訪大社の「御柱祭」は有名で、六年に一度（数えで七年）の御柱祭では、山から伐り出した四本の木を降ろし、神社の四隅に立てる全国でも例が無い日本三大奇祭の一つだ。ヒンズー教の国ネパールにも諏訪と同様の御柱祭があるらしく、神道やヒンズー教よりもっと古い祭事を伝承した可能性があり、縄文時代の起源とも思われ、世界最古の祭りかもしれない。

御柱祭は諏訪地域の総出の祭りで、春に諏訪大社の「御柱立て」が終わると、里宮という地域の神社の御柱立てが夏頃から始まり、秋には全ての御柱が終了する。諏訪大社とその周辺だけでなく、諏訪の神社という神社は全て四本の新しい御柱を立てる。

なので、日本で唯一お神輿を担ぐ祭りが無いのが諏訪だろう。

諏訪人にとってお祭りとは御柱立てであり、どんな神様も六年に一度柱を新しいものに替える。社や祠の周りに春夏秋冬に対応している四本の御柱を立てる。四本で社を囲うのは、神威をそこに留めておく為という話があり、一斉に行わず諏訪大社から始めその後全神社が順に柱立てを行うのは、諏訪の神威を半分維持しながら新しい御柱に替えていくかららしい。諏訪全体の神域を、それぞれが守っている。

諏訪のミシャグジ信仰

諏訪では、大王のことを大祝という。

建御名方は諏訪大社の『大祝』に即位して、洩矢氏は神事を司る神長となって以来、代々その世襲によって神事が行われてきた。ミシャグジという太古からある様な独自の信仰があり、大祝の即位式は「ミシャグジ降ろし」という不思議な儀式で行われる。

1. 即位するのは大王直系の7～8歳の少年。永い潔斎期間をかけて浄化し、スピリットの憑き易い状態にする。潔斎期間は『精進屋』という小屋で過ごす。

2. カエデの木の下の岩座に、この厳しい斎戒の終わった少年に白装束を着せて座らせる。

3. 守矢氏（洩矢氏）の神長が、尖端に鉄鐸《てったく》を幾つも付けたサナギ（矛鐸）を縦に持ち、上下に上げ降ろしを繰り返して、ミシャグジ降ろしの神事を行う。

4. 上げ下げを繰り返していると木にスピリット（ミシャグジと呼ばれているもの）が降りてきて、

スピリットを木の下にある岩に宿して少年に憑ける。ミシャグジが憑いた少年は、大祝という生き神様（現人神）として即位した事になる。またの呼び名を『神徒』という。

これでミシャグジ降ろしの神事は終わる。現代ではこの神事は失われているが、このスピリットのことは「外来魂」とも言われ、天皇家の祭祀の外来魂に似ているそうだ。他にも、神使（おこう様）という子ども達が駒に乗せられ、諏訪を巡るという神事もあったという。ミシャグジ信仰は諏訪地方を中心にして東日本に三千カ所くらい広がり、依り木の神木の前に石や祠、又は石棒を納めた祠などが祭られている。沖縄の聖地である、御嶽と同様だ。

ミシャグジには、御社宮司、御社宮神、御佐口など当て字が地方ごとに多数あり、二百種類以上になるという。当て字が異常に多いのは漢字文化が広がる以前に、既にミシャグジという名が各地に定着していたからなのだろう。

諏訪大社ご祭神　建御名方命

朝廷が諏訪に本格的に介入しだしたのは、平安時代に入ってからだ。朝廷はようやく諏訪に桓武天皇の息子・有員を派遣してきて、宗教政策的な人心の取り込みを図った。

『我に別体なし、祝を持って御体とすべし。我を拝みたくば、須らく祝をみるべし』

これは、朝廷から派遣されてきた大祝の有員（ありかず）の詞だという。諏訪の大祝は代々、建御名方直系の子孫・ミワ氏（神氏）に世襲され続けてきたが、これより有員が大祝の祖となった。大祝の神事により即位した時は、桓武天皇の子の有員ではなく肉体を持たない降ろされた存在「ミシャグジ」であり、拝みたければ有員を拝めということだ。

天皇家の大嘗祭においても同様で、新天皇の肉体を魂の容れものとして天皇霊を依りつかせ、即位した時に体に入れ、人々に高御座から神言（ミコト）を伝えるという神事と似ているという（折口信夫説）。そして、天皇家の神事には天皇に奉仕する女性がいた。しかし、諏訪では何故か女性が一切登場せず、少年と神官だけで完結している。

平安時代は別として、諏訪の武士達は有員とその子孫というより、諏訪大社に祭られる建御名方命を崇めていた様だ。日本神話では「建御名方命はタケミカズチとの戦いに敗れた」とされ殊さら敗者の様に強調されているが、実際には「勝利の武神」として崇められ、戦う男達は建御名方命に必勝祈願をしていた。

古くは初代征夷大将軍・坂上田村麻呂が蝦夷との戦いの戦勝祈願をし、武士の時代を切り開いた坂東武者達も、建御名方命を武神・勝利の神として崇拝し、戦国武士からも崇敬を集めていた。千年以上続いてきた大祝の存在も、朝廷側の介入や武家の時代になると変遷していった様だ。

　それでも諏訪の信仰で特に異質に感じるのは、狩猟民族時代からの伝統がやはり残っていて、農耕民族に対して完全な習合はせず独自の文化を残してきたと思われる事だ。古代ヤマトやユダヤ（＝カナンの地）で行われていた様な秘儀の息遣いさえも微かに感じる。

　洩矢氏も表向き狩猟民族とは言われているが、元遊牧民族という可能性も否定しきれない。諏訪の狩猟民族はもともと洩矢氏でなく「武居氏」であり、千鹿頭神を祭っていたが、建御名方の諏訪入り以降に神官以外は諏訪を出て関東へ去っていった様だ。


　諏訪大社下社は農耕民族の祭祀で伊勢神宮の遥拝所もあり、綿津見神も鎮座されている。

　諏訪大社上社の前宮が狩猟民族の祭祀の様であり、こちらは造りや伝承は又趣が違う。


　上社の前宮は、大きな鳥居をくぐると、神門があるとか、切り妻造りの拝殿や、神楽殿があるという訳ではなく、ガランとした所に社務所があるだけで普通の神社の造りのつもりで行くと少し拍子抜けする。階段を上がり次に現れるのは、七十五頭の鹿の頭を奉納したという「十間廊」という供物殿だ。一頭の鹿は耳を裂いて奉納したというので特別な意味があり、農耕民族の祭祀には決して無い様な狩猟民族らしい由緒である。

『前宮』とは、元宮や奥宮とは違い古い祭祀場のことを言うので、先住部族で狩猟民族の洩矢氏の前の祭祀場だったと思われる。八坂刀売はこちらに眠ると言う。

供物殿から更に階段をいくと外に出てしまう。「えっ？ 本殿はどこ」となるが、通りに出ると右手に欅がありひっそりと小さな祠が祭られている。かつて冬の神事を行った、鶏冠宮（かえで宮）という。そのまま道路を上がっていくと前宮の本殿が現れる。周囲に四本の御柱も立っていて流石に本殿らしい。が、本当に神聖なのは裏側の様だ。特に神木としてしめ縄がかけられている訳ではないが神聖さを感じる木がある。


諏訪は不思議な信仰が多く残るが、それが古い祭祀と新しい祭祀が融合して諏訪大社は「上社」本宮・前宮、「下社」秋宮・春宮の四つの神社が同じ一つの諏訪大社として祭られ残ってきたということが凄い。諏訪大社ではないが、各地の諏訪神社の風神の薙鎌や、鎌打ちの神事の在り様なども独特で興味深い。

諏訪七石と言われる由緒ある石があり、諏訪大社上社・本宮でそのうちの一つを見ることができる。七は諏訪にとって聖数だ。本宮の大鳥居をくぐり、一番手前の御柱近くにある岩で沓石という。水が湛えられ、そしてその奥には九州からきたという石の剣が刺さっている（天逆鉾）。特に目立つ案内もなく、注意して見ないと気が付かない。大切なものは知らせずひっそりと残すというが、こうした事も諏訪が大切にしてきた一つなのかもしれない。

物部氏と諏訪

物部氏は六世紀末に、物部守屋が崇仏派の蘇我馬子と争ったことで知られている。しかし、物部氏にも「渋川寺」という寺があり、実は廃仏派と言うことでもなかった。廃仏は口実であり実際は蘇我氏が仏教を利用し権力構造を確立しつつあった為、それに抵抗した政治的対立だった。互いに王を奉戴して戦いこの時に、敗北した物部守屋側の残党は、諏訪に逃れてきて、守屋山に守屋神社を祭ったという。

守屋山は諏訪大社ご神体だが、元は『森山』と言い物部守屋が祭られて「守屋山」と言う名称になったとの説がある。洩矢氏の伝承によると、物部守屋が逃げてきてその子孫が諏訪大社の神長官を務めることになり、物部守屋の子「武麿」が洩矢氏の養子になった。

『森山』とは御田の森とも言い、農耕民族が稲魂を授かる森のことで稲作の始めと終わりに儀礼が行われる神域だ。ユダヤ渡来説では、モリヤ山＝神の見ている山で、旧約聖書に記されている始祖イスラエルが、モリヤ山でイサクを捧げようとした事と関わりがあるのではと考えられている。

天照大神と共に天降ったとされる忌部氏は、「太玉命」を始祖とする王家の祭祀を司った部族で神具の金工職人を率いていた。王家には専属の製鉄部族がいて、忌部氏の天目一筒という神の鍛冶集団が、神具の金工を担った。日本神話の『天照大神』の天の岩戸隠れの時、天鈿女命が使った神具サナギ※を作り、出雲族の国譲り後に『大己貴命』を祭る際も、天目一筒神がタカミムスヒに命じられ神具を作った。

物部氏は兵器や戦い専門の軍事部族だが、この忌部氏の鍛冶集団の裔《すえ》だ。「物」とは刃物のことで、刃物を扱う部族なので「物部」という。

出雲の国譲りで諏訪入りしてきた建御名方か、或いは物部氏が、先住部族の洩矢氏と縁組した際に、洩矢氏にヤマトの神事で使われていたこの貴重な神具サナギ（鉄鐸）を授けたのではないだろうか。

（※サナギ＝鉾に鉄鐸や鈴など鳴り物を付けた神具）

なので、諏訪ではサナギ（鉄鐸）は特別に大切にされてきた。

諏訪大社には鉄鐸が宝鈴として残っていた様で、武田信玄の書状から信玄が礼銭を払い誓約や祈願を依頼していた記録が確認されているが、長野県岡谷市の小野神社では鉄鐸のついたサナギそのものを拝観することができる。鉄鐸の他に麻弊が結ばれ、七年毎の祭祀で一本ずつ麻幣（ヒモ）を付けてきた伝承があり、その数は千五百年以上前に遡るという貴重な伝世品だ。

明治天皇がサナギを鳴らした時に「もゆらに取りて動かせば、今も神代の声ぞ　聞こえる」と歌を詠まれたそうだが、本当に天鈿女命（アメノウズメ）が神具として使ったサナギなのかもしれない。

小野神社はまるで沖ノ島の様に、山を越えてやって来た部族らが立ち寄り宝物を捧げてから入国したかの如く、貴重な伝世品が僅かだが時代を超えて残されている。

（沖ノ島＝九州の宗像と対馬の間にある島。海峡を渡る部族達が宝物を奉じ、海の正倉院と言われている。）


諏訪には風神がいて、日本の古い神々、太古の山々、縄文の世界までいくつもの世界が、レイヤーの様に重なっている何とも言えない不思議な空間だ。駐日イスラエル大使もまず諏訪に足を運ぶという。

世界観が重層的であるが故に、古代ミステリー的な視点から書けば幾らでも本になりそうなぐらいミステリーの宝庫で諏訪への興味は尽きないが、次章からは、日本のミステリーについて幾つか掲げていく。

第Ⅷ章

古代ミステリー日本

徐福伝説

和歌山県新宮市のＪＲ新宮駅の近く「徐福公園」の中にひっそりと【徐福の墓】がある。十七世紀、紀州藩主・徳川頼宣によって建立された。

徐福は、紀元前三世紀末に秦の始皇帝が不老不死の霊薬を探し求めて東方の海に向かわせた方士で、日本中をくまなく探し周った様であり全国各地に徐福の伝承が残る。南は鹿児島、佐賀、北は青森・秋田まであまりに多いので混乱しがちだが、こちらの徐福公園は中国大使による植樹や、中国各地からの来訪があり中国人からの寄付も多い。両国からの比定地としてよく整備されている様だ。道教（方術）の大切な教え、和、仁、慈、勇、財、調、壮、七つの字が並び、池では金色に輝く鯉が出迎えてくれる、心穏やかな場所だ。

近くの阿須賀神社（アスカ神社）の境内摂社には、徐福の宮（祠）がひっそりと祭られ背後には蓬莱山と名付けられた山がある。スポットとしてはとても穏やかで優しい。秦国からやってきた徐福達も、ここに上陸し心を開放したのかもしれない。

中国を統一した始皇帝は権力を手に入れると『不老不死』を望み、徐福が「蓬萊（＝日本）で不老不死の仙人がその霊薬を練っている」と奏上すると、始皇帝は喜び、徐福を東方へ行かせることにした。

紀元前二一九年に出航、しかし霊薬は見つけられず九年後に帰国し、始皇帝は「徐福ら費やすこと巨万を以って計るも終に薬を得ず」と大いに怒った。徐福が「海中の大神は始皇帝の礼が薄いと言い、選りすぐりの童男童女と技術者を連れていけば叶います』と奏上すると、始皇帝は喜び、再び不老不死の霊薬を得る為、良家の童男童女と五穀（麻・黍・稷・麦・豆）の種子と技術者や学者を徐福に託した。紀元前二一〇年に徐福は出航したが、今度は帰らなかった。徐福は広い平野と湿地を得て、そこで王となったとも言う。和歌山県新宮市は、神武天皇の東征の時の上陸地でもあった為に「神武＝徐福」との説もある。

徐福伝説には諸説あって限りがなく、中国や日本の徐福会によって研究が進められている。始皇帝が主人公の漫画などを見ていると「遠い昔の遠い国の出来事」と思ってしまうが、九州-東京、九州-上海の距離はさほど変わらない。早ければ上海（楚国）から十日ほどの船旅で日本に着くので、始皇帝の力を以てすればそれほどの事ではない。

徐福は江蘇省徐福村の人で、一九八二年に江蘇省で「徐福村」が発見され、秦代からの造船所跡も見つかった。徐福が探した「蓬莱山」は不老不死の仙人が住むと言われた山であり『蓬莱』と言う古来の呼び名が、富士、熱田、新宮に残っていて、古代中国では日本を指して言う名称になっていた。「不老不死の霊薬」を探すと言うのは始皇帝を説得する表向きの理由で、実際は圧政に耐えかねて中国選りすぐりの子供男女千人と、兵士と、技術者や学者など専門家二千人を率いて亡命してきたという説が強い。

中国で万世の模範となる『万世師表』とまで呼ばれた聖人『孔子』によれば、「苛政が酷ければ筏を漕ぎ、海の向こうへ逃げよ」と海東を渡る様にとの教えがあり、当時は万里の長城の使役で民は大いに苦しんでいた為、徐福はこれを実行して端から帰国する気はなかったと思われ、中国では皇帝を騙した「エセ方師」とされていた。

一方、始皇帝の特命の目的を果たすことができなかった為、帰国できなかったとの説もある。「不老不死の霊薬」を探すだけでなく、日本での殖産と植民地誘致の目的もあったという。秦から徐福に率いられてきた技術者や学者たちは、日本列島にいた弥生人たちに文化を伝え、中国から持ってきた果実や作物に適した土地を探し殖産を試みた開拓者だ。もしも秦が滅びずに徐福達の目的が殖産・植民にあったとしたら、日本は秦の植民地になっていたのだろうか。何れにせよ、徐福達は殖産を伝えた只の帰化人になってしまった様だ。

紀州和歌山は中国産の梅と温州みかんの特産地で、温州ミカンは中国人が持込んだのでなく、中国に取りにいった話が古事記に書かれているが、そのエピソードが「王が不老の妙薬を求め探しに行かせた」などと徐福と同じ様なエピソードになっている。これは単なる偶然ではなく寧ろ、徐福の様な存在がいたことを示唆する為に書かれたと思われる。ただ種を持ち帰ればよいという訳ではなく、植樹は気候土質に対する知識と生育可能な土地を選ぶ技術者が伴わなければならず、日中を結ぶ人物が必ずいたはずだ。
中国人の日本渡来も、倭人からの中国への朝貢も紀元前からあり、東北の縄文遺跡では中国製の鉄器や貨幣も見つかっている。徐福や始皇帝が、古くて遠いというだけの理由で荒唐無稽としてしまうのは、反って荒唐無稽なことなのかもしれない。

『徐福公園にある江戸時代の碑文』
広い世界に多くの国々が対立している。
幾千年後、また蓬莱の島を訪ねて来る人があれば、
ここへ来てこの碑文を読んで下さい。
秦の王様が人々を苦しめていた。セミや小鳥は飛んで逃げ、徐福は船出する。

楽しき国　熊野。ここが本当の蓬莱だ。人の情も温かく子々孫々栄えいく。

徐福の墓はいつきても、花や線香がたえることがない。

遠い異国の人も来てみよ、この美しい山や河。

少数民族の山の巨人たち

日本には、平地に住む人々とは別に山に住んでいる人々がいた。

「山だらけの島」と中国の史書にも記されているが、古代日本の海岸線は今とは全く違い、関東平野から筑紫平野まで平野は殆ど無く、東京も博多もない山だらけの島だった。元々、山に住んでいる民族だったので山人（ヤマト）、山址（ヤマアト）等と呼ばれていた。

高原に住んだ縄文人と違い、つい最近まで山中の暮らしを続けてきた人々が、山の民だ。平地に住む人々との交わりを厭い、実態があまり知られてない。平地の民は、山に住む人々に対して古くは鬼・土蜘蛛、蝦夷、サンガなど異民族に対する俗称で呼んでいた。日本列島に居ながら、日本には属さない少数民族だった為、この言い方は山に住む人々全てを指して朝廷側が呼んでいた謂わば蔑称だが、山には山の民だけでなく、天狗や修験道の山伏の様な僧形の者、山姥や河童、狐狸妖怪の類まで様々な存在がいて、山奥の村などでは中央とは違い時に「山の神」と敬い畏怖していた。

元来の山の民とは別に、山中にはマタギや山鍛冶師など山へ深く入る平地の人々も、平地の世の中から逃げた人々も隠れ住んでいたが、彼らとは違い山の民は太古から続く山の生き方をずっと続けている。


その特徴は皆、身長が異常に高く二m〜二・五mくらいあり、滅多に人前に出る事は無く、里人を見ると逃げ出した。山から山へ移動する時は人が知らない独自の山道を使い、やむなく里を通過する時は夜間にもの凄いスピードで移動していく。毛皮の服を着て昔ながらの竪穴式住居の様な簡素な家に暮らし、広く山々で狩りをしていた狩猟民族だ。粟や稗などの副業的な農作物とバンブー細工と精炭を行い、時に風の様に里に現れては米等と物々交換をした。

姓は皆、阿部姓を名乗り平家の落人と称する。狩猟民族でありながら明治の末まで猟銃を見たことがなく、昔ながらの手槍一本で狩りをしていた。まだ戦前までは幾らかの山の民は残っていたかもしれない。地図に無い場所に住み、戸籍もなかったが、近代になり水力発電などで山奥深くへ開発が進むと、山の民の生きる場所は失われていき里人との距離が近くなった。村に降りてきて子供を託してまた山に入っていく者もいたという。山奥の山村にはこうした寄留戸籍の学童が多かったらしいが、一九五二年の住民登録法（住基法）により寄留制度は無くなった。（寄留戸籍＝仮住まいでの戸籍）

山には山の結束があって、山々ごとに秋谷の「万蔵」など某かの首領がおり、二十人くらいの配下がいて、一人前の男になると幾つかの山を任される。私達にとって人跡未踏の山奥の様な場所でも彼らにとっては山々全てが領域で、血統と伝統を絶やさず生き延びる為の不文律の習わしがあった。大集落は決して作らず、里人と関わる事と生存可能人口を超えることを戒めとして、少人数で静かに暮らしている純朴な人々だった。

中には「村には大ムジナが居て、人間が想像もつかない様な騙し方をするので里には近づくな」と伝承されていたケースもあった。九州や東北に残る「鬼伝説」では、鬼を騙して使役させる話もあるが、体躯逞しい山の民が鬼と呼ばれた事もあったかもしれない。

秋田県の男鹿半島には漢の武帝が天より下ったとの伝承があり、武帝は五色のコウモリを連れていたが鬼になった。五人の鬼は山から出てきて里の娘を欲しがるので、「一晩で千段の階段を作ったら娘を差し出す、できなかったら山から出てくるな」と村人らに要求された。一晩かけて鬼は階段を作ったが、後一段というところで村人が鶏の鳴き声の真似をして完成させずに終わらせた。

鬼は悔しがり山へ戻ったが山から出て来なくなり、村人は年に一度だけ鬼の真似をして懐かしんだ。~ナマハゲの起源という。(今も赤神神社に九九九段の階段が残る)

秋田で赤神と言われる由縁からは、紅毛碧眼の北欧系の人々だった様子も窺える。秋田美人の起源にはコーカソイドの血もはいっていた様だ。山の民の起源が北欧系と関わりがあるかは分からないが、アイヌや縄文人とも違う、太古から人の入らぬ様な山奥でひっそりと生き続けてきた少数民族であることだけは確かだ。同じ様に標高の高い高原に住んでいた縄文人と山の民の決定的な違いは身長であり、縄文人は身長百五十㎝程度だが、山の民は、身長二百五十㎝にもなる。

古代ではダイダラボッチ、また海外ではトロール、ビッグフットやイエティ等と呼ばれる様な巨人たちの一族だ。台湾の山岳部にも残っていた様だが今では、日本に山の民は残っているのか分からない。広島県比婆山で目撃されたヒバゴンが最後の巨人なのかもしれない。

銅鐸と古代絵文字

ＳＮＳのおかげで絵文字文化が復活している。復活？　と言ってよいか分からないが、数千年前までは〜文字よりも絵文字の方が主流だった。古代の人々は自分達のプロフィール等を全て、絵文字や紋章で表し銅鐸や土器に、そして全身に刺青を刻んだ。現代でも絵文字は合理的に使われる様に、意匠的な絵文字（縄文土器の意匠等）の情報量は多い。

立体意匠文字表現は土器だけでなく、銅鐸や刺青の模様にとって代わられるが、発音の発達が同時に求められる文字文化の伝達手段より、古代では広汎性があったと思われる。現代人のＳＮＳのプロフィール欄に書かれている事と、古代人の描いたプロフィールもそう変わりはなく、歩んできた歴史、出来事、象徴となる事が意味を持って描かれている。現代人はこれを土俗的な信仰対象であると信じていて、発掘された太古の石版や壁画の様に、ストーリーを解き明かそうとする事はあまりない。描く場所が、土器、銅鐸、または全身に入れる刺青などプロダクティブ（立体作品）なものになると、只の土俗的な意匠＝デザインと見なされてしまい、絵文字としての伝達表現は無視される。

縄文時代のそれぞれの集落は、そこで生きる自らのプロフィールを象徴する意匠や文様を土器に刻んでいた。謎とされてきた「土偶」も、昨今ではクルミ、栗、ハマグリ等をモチーフにした食物フィギュアであるとの説もある。土偶は百年以上「女性をデフォルメしていた」という通説が信じられてきたが、実は逆で食物を人型の女性にデフォルメしたもので、農耕民族が「稲魂」を祭る様に食べ物の精霊像であったとされるが、これは土偶を造形言語として読み取ろうという試みから解かれていったらしい。

弥生時代の銅鐸に関しては「石橋を叩いて渡らない」と言うところが考古学のスタート地点になった様で、はなから解読しようと言う事は考古学の世界では有り得なかった様だ。

考古学というよりも考察しない「古学」だったのかもしれない。古事記・日本書紀の古典の世界観に遠慮しながら、ゼスチャーの様に編年だけの研究をしていた古学の中でも諏訪の考古学者の藤森栄一さんという方は、銅鐸に描かれた図象の物語の解読を試みた。

『水』のプロフィールだったそうで、絵文字をハッシュタグにするなら、

#豊作 #田んぼ #水鳥 #カエル #トンボ #水の旅 #潤う大地 と、いった感じだろうか。

トンボやカエルは、大地が水で潤っている象徴で、カエルを食べる蛇もそうで、ミミズも土地が肥えて潤っていた証だ。弥生時代より前の縄文土器にも描かれている。バッタは逆に大雨で蝗害《こうがい》があったということかもしれない。絵文字だけで表記するプロフィールだ。

クリーチャー好きのオカルトマニアなら小動物や昆虫に呪術的な土俗信仰を結び付けて考えそうなものだが、藤森栄一さんは信仰だけで片づけずに、流水紋や絵文字が描かれる位置関係にまず叙事詩的な意味を読み取ろうとした。そこには、「水」にフォローされて稲作文化に生きた弥生人達のプロフィールが描かれていた。

銅鐸はもともと鳴り物の小銅鐸として渡来した神具で、日本で巨大化し鳴らす事ができないほどの大きさになり、田畑を見下ろすような山岳山腹の地中に埋められていた。弥生人達は耕作面積に適う巨大銅鐸を造り、自分らのプロフィールを銅鐸に刻み、雨乞い祈願する山に埋めたのかもしれない。銅鐸が埋められたエリアは西日本に多く、雨乞岳、雨請山という地名も残る。

銅鐸より古い縄文土器も、絵文字や立体的な意匠で表すプロフィールであり、火焔土器や水煙土器など地域によって表現は様々だ。絵文字土器の研究は縄文図象学というらしいが、歴史を文字だけでなく絵文字からも読みとるべきだと言う考え方は、僅かだが研究されている様だ。文字文化こそが歴史で絵文字文化は認められずに、この分野の研究がそれほど日の目をみなかったとしても、巷の者にとっては大変興味深い。

諏訪盆地では古代中国からの渡来を記した五〇〇〇年前の絵文字土器が発見されていて、そこには虎や水稲など日本には存在し得無かった出来事などが記されていた。これは素直に絵文字文として読みとれば、彼らが中国江南・インドシナからやって来たというプロフィールだと思われる。土俗信仰的な心象（デザイン）で片づけてしまうには残念なストーリーだ。銘や年号が刻まれている訳では無いので、歴史家にとってはたとえゴミの山の様な物だったとしても、太古の人々が刻んだ記録は、子孫の私達にとっては読み解く価値がある。

日本に漢字文化が入ってきたのは二千年以上前と思われ、約二千年前の硯《すずり》が九州で発見されている。しかし、漢字文化が日本に定着するのには時間が掛かったようだ。古代日本人の発音は五段活用でなく四段活用であり「マ」も「メ」も区別が無い様な発音だったからだ。

やまてぇ国＝やめつぇ国、どちらも同じで、酔っ払いがクダを巻いている様な発音なのだ。

当時の中国人達はこのへべれけに訛った人々の言葉に漢字を当てはめるのに苦労した様で、「ヤマタイは昔の訛り」などと史書にも注釈がある。なので、イザナミ・イザナギは民に四十八音からなる

「アワの唄」を教えたり、大国主命は四十八音からなる「ヒフミ祝詞」を伝え、民の言葉の乱れを整えたという。発音と意味が整ってこその文字文化なのだ。

神代文字と言われる古代文字の時代があったとしても、伝達言語というよりも「言霊」として意味のある発音であり、この域を出ることはない。

絵文字は言葉が通じない相手に対しても、一見して通じるものであり、たとえ同じ言語圏であっても言葉はリダクションや訛りで変化していくもので、古代世界では時代を超えて通用するのは「絵文字」だけが唯一の記録を残す共通語だった。

神隠しとアブダクション

民俗学者の柳田國男の説によれば、神隠しには概ね童子と女性が多く、成人男性はあまりないらしい。かつて、子供が行方不明になると迷子として村人達は捜索をしたが、子供の名を呼び、「○○何処だ、いたら返事をしろ」などと言う呼び方はせず、

「○○返せや」と言う、掛け声で探していた。

神隠しを題材にした作品等にも描かれがちだが、神隠しは見つかったり戻ったりする場合が往々にしてあったからだ。とても子供の足では無理だろうという程遠くの辻に茫然と居たり、夜中にドスンという音がして、見ればその子供であったり、それが鍵の掛かった物入れや天井裏だったりと、有り得ない場所に戻ってくる事が多い。なので、迷子というより攫《さら》われたと考え「返せ」との掛け声をする。

戻った子供は茫然としていて、「大きな人に連れられあちこちいった」などと不思議な事を言い、やがては気がふれたり、長く生きながらえられない事もあったらしい。

女性は神隠しというよりは、アブダクションの方かもしれない。

行方不明になることもあるが、多いのは産後の女性が、気が触れたかの様に山が呼んでいると、自ら山の中に入っていくのである。まだ、娘のうちに「山の神様の嫁にいく」と言いある日、山へ消えていった例もあるという。

童子の様に戻ることは無いが、何年か経ちごく稀に山中で村人と遭遇することがある。

村人の方は、変り果てた姿に誰か知らぬが、娘の方は覚えていて話をしてるうちに思い出す。身の上は「軟禁され子供を産まされているが隙が無くて逃げられない」と言うもので、すっかり逃げる事を諦めている。再び山の中へ消えていくか、連れ戻そうとした男もあったが途中で、またあっという間に奪い去られてしまった。

年老いて、どうしても皆が恋しくて顔を見に一度だけ戻ったという話もあったが、また山中へと帰っていった。なかなか元の村人の生活に戻ることは無い。

鬼と河童の奇譚

鬼や河童は、人間から生まれる。水掻きがある子を産んだとか、角のある子を産んだとかの話はかつて全国各地にあった。

口唇裂（三ツ口）の様な外表奇形も以前は、先祖返りと考えられていたようだが、鬼の角も日本人にそれなりの確率で遺伝が発現していたある種の先天性異常なのかもしれない。

水中や山中に適応した突然変異か、或いは太古にそうであった頃の「先祖返り」だ。

環境要因もある多因子遺伝のせいか、現代の環境では発現する事はあまり無いのだろう（※先祖返り＝進化の過程で以前に淘汰されたはずの形質でも遺伝情報としては保存されていて、それが突然現れること）。昔は山中に隠れ住み、亜種として生きるグループもいたかもしれないが、女系が絶えれば里の人間に子を産ませるなどして生き延びてきたのかもしれない。

なので、娘が山に行き眠気に襲われたりすると、鬼の子を妊むと言われていた。

鬼の子は「鬼っ子」と呼ばれ、胎内に二年くらいいて生まれてくる。赤い顔をしていて、眼光が鋭く、見れば直ぐに鬼っ子だと分かるという。角があるか、額が割れ三つ目の場合もあり、生まれながらに歯が生えていて、言葉を話し立って歩き、すばしっこい。

鬼っ子は武人や貴人の家に生まれれば奇瑞を顕し、武蔵坊弁慶、徳川忠輝、アメノヒボコの様に長じて一角の人物となる場合もあるが、村人の家に生まれると捨てられるか返されるかしていた。他の哺乳類と違い、人間だけが異常なほど早産と言われているが、本来哺乳類は生まれて直ぐ立てるほど母親の胎内にいてから生まれてくるもので、かつて人類も進化の過程ではその様な時期もあったのかもしれない。

ピラミッドとUFO

日本には、天然の山の地形を利用した「縄文ピラミッド」または「環太平洋型ピラミッド」と呼ばれる山が幾つかあり、ブログの書き始めの頃からそうした全国のピラミッドを周ってみた。

広島県庄原市にある葦嶽山は「日本ピラミッド」と言い、標高八一五m、二万三〇〇〇年前の世界最古のピラミッドと言われている。約一世紀前、日本各地を調査しこのピラミッドを発見した酒井勝軍によると、天然の地形を利用して三角の稜線の山に四方にストーンモノリスを配し、登頂に太陽石を戴いているのが日本のピラミッドの特徴のようだ。

エジプトは砂漠の国ならではの人工ピラミッドで、世界各地の天然の地形を使った半人工的なピラミッド群に比べれば寧ろレアな感じもする。エジプトの大ピラミッドは「太陽信仰」や「王の墳墓」と言われているが、定かではない。古代の神官がそう言ったという伝承があるだけで、実際に玄室でクフ王の埋葬が発見された訳ではない。

（王は殆どサッカラか王家の谷か、近くのマスロバに埋葬されている）

中央アメリカのピラミッドの様な天体の歳差運動など天文学的由来の構造物とも考えられていて、そうした天文台の様な目的であるならば、山だらけの日本では「天然の山を利用して造られた」という方がかえって現実的だ。エジプトの人工ピラミッドの方が、寧ろ古代ミステリーのロマンを掻き立てる。

酒井勝軍によるとピラミッド自体は本殿であり拝殿がある場合もあり、方位石、鏡石、環状列石、机石、立石などの石造遺構がある。広島県の葦嶽山ピラミッドの拝殿は向かいにある鬼叫山がそれで、供物台などの巨石遺構が見つかっていて、方位石は裂け目が東西南北に合わせ配置されていた。

広島の葦嶽山は日本ピラミッドと言われ【日来神宮】と書き、

仙台の太白ピラミッドは【人来田】との地名にあり、

青森県の大石神ピラミッドは【戸来】と言う地名があり、地名相似が面白い。

青森県＝大石神ピラミッド、モヤ山、
秋田県＝黒又山ピラミッド
宮城県＝太白山ピラミッド
長野県＝皆神山ピラミッド
岐阜県＝位山
奈良県＝三輪山、耳成山、
徳島県＝剣山
広島県＝葦嶽山ピラミッドなど、一通り周ってみたが何処にいっても雨ばかりで、晴れていても俄かに荒れてきたりして天候に恵まれなかった事が印象に残る。

こうしたピラミッドと呼ばれる人工あるいは天然の山は、全て花崗岩から成っていることが、年代や国に関わらず世界中に共通しているという。磁性の花崗岩（一部磁性玄武岩／安山岩）を用いることが、ある種の目的なのではないかという感じもする。

エジプトの大ピラミッドも「王の間」だけは花崗岩で造られていて、外部と比べ八倍の磁力を発生させているらしい。当然、人工物より日本の天然の花崗岩ピラミッドの磁力の方が、これより高い。ピラミッドパワーを磁力によるマイナスイオン効果とする考え方もあるが、磁場が強くなれば磁力線も密になり湿った空気を集め易いのでは？　と、雨に遭遇してばかりだったので、雨請い山の機能も考えてみたくなる。

山の稜線は周囲に磁場をつくり、磁場は作物の生育に影響がある事は知られていて現代も活用法が研究されているので、農業目的の可能性も否定できないと思う。

ピラミッドには、発光現象やＵＦＯなどが目撃されたという話もあり、長野県の皆神山ピラミッドでは昭和四十年代の皆神山の地下を震源地とする、世界的にも稀な松代群発地震が多発した時に、発光現象が見られたという。第二次世界大戦末期に軍・政府中枢と皇居を長野県松代に移すという計画があり、当初は皆神山が皇居の予定地で松代象山地下壕という全長10㎞にもなる巨大地下壕が掘られた。

皆神山はゴロタ石と呼ばれる石で形成されていた為、幾ら掘っても岩盤に当たらなかったことから「人工のピラミッドでは？」と言われていたそうだ。

三十五万年前の噴火で皆神山ができるまでは河川だった場所なのでゴロタ石（川ジャリや石）が多いらしいが、石とジャリの土質は隙間が多くスポンジ状になる為、静電気などの電磁的エネルギーを帯びやすいことから、皆神山全体がエネルギーを帯びていて発光現象に関わりがあると考えられている。ＵＦＯ目撃談などもそうした発光現象のひとつかもしれない。

日本のピラミッドを発見した酒井勝軍は、大正から昭和にかけての日本の古代ミステリーの草分け的な存在だった文化人で、勲四等、勲五等も贈られている国際人だ。神武天皇以前の事を知る事が許されなかった様な時代で特高警察の弾圧もあったが、当時にしては珍しく、エジプトのピラミッドだけでなく世界のシオニズムや、日本の超古代を調査した人で、「キリストの墓」「竹内文書」「日本ピラミッド」「日本ユダヤ同祖論」など、日本で初めての古代ミステリーを提唱した。

酒井勝軍がいう日本のピラミッド群を周り出した頃は、ＵＦＯを見たこともありなんとなくこうしたミステリーに興味を持って自分の目で確かめてみようという思いで足を運んだ。

ＵＦＯを見たのは２０１１年５月、新宿に突然ＵＦＯの大軍が現れて大勢の人に目撃された事件があったが、丁度その頃の事だった。

たまたま私は、千葉と東京の県境で寝そべって空を見上げていたが、

青空にポツンと白い光の点を見つけ、

（一番星にしては早いな）と思って見ていたら、

突然……！　白い光は、四つに分かれた。

眼も凝らしてもう一度よく見ると、

光は円を描いてまわりだし、まわりながら分かれて数を増やしていき、

あっという間にもの凄い数になった。

しかも光は分かれる度に、赤、青、と色を変えていき、

私の目は釘づけになった。

（これが、ＵＦＯか）と思いながらも、

一応、飛行機や凧などの見間違えも考え（この期に及んで今さら…）、

空全体の様子も見回してみた。

すると、下の方にジェット機がのどかにゆっくり飛んでいるのが見えた。

かえって、目の前の発光体が円を描いたり複雑な動きをする速さが異常に速く、人類のものでないという事を確かめた結果になり、彼らは、消えたり分裂したりしながら東京の方へ飛んでいった。

以来、なんとなくＵＦＯが気になり空を見上げてみたりしたが、もう目撃することはなかった。

ならば、目撃談のある場所へ行ってみようとの思いもあり、日本のピラミッドと呼ばれる場所を周ったのだが、UFOや発光体に出会う事は無かった。

出会ったのは、巨石遺構群やヒエログリフと、かつて古代にはその場所を聖地にしていた人々が居たのだろうという感触だけだった。神社巡りばかりしていた自分にとっては、縄文時代という遥かに遠い、よく分からない世界の事に、初めて近づくきっかけとなった。

秋田県の黒又山ピラミッドは、大湯ストーンサークルという縄文遺跡の近くにあり、三十年ほど前に学術的な調査が行われた。山自体は個人の所有で発掘する事ができなかった為に、当時としては、まだ画期的だったGPSや地中探査機を用いた本格的な調査となり、地中に下から頂上へテラス状の階段らしきものがあることが発見された。祭壇やジグラットの様な階段型ピラミッドなのかもしれないが、いずれにしろ酒井勝軍の見識は流石だったという他ない。

たまたまこの調査に参加していた友人から詳しく話を聴くことができたが、山の頭頂に神社があり、社殿の右奥には太陽石があったという。写真も見せて頂いたが、大湯ストーンサークルの中心のメンヒル（立石）と似ていて、縄文遺跡との繋がりを感じた。

黒又山は、エジプトのクフ王のピラミッドと同様にりゅう座α星（五千年前の北極星）を方位基準にしていて、現在の方位とはズレがあり、少なくともその時代の構造物である事は間違いない様だ。黒又山から、北の黒森山-北東の白山-南西の大湯ストーンサークルがあり、黒又山を中心にしたネットワークと思われ、それらは千八百mスケールで正確に配置されている。

イギリスのケルト人と同様に文字文化が無かった縄文人だが、私達が割とよくイメージする様な原始的な世界とは異なり、独自の文化や世界観を持っていた人々だったのではないだろうか。最初はUFO興味半分で始まったピラミッド巡りだが、黒又山ピラミッドと周辺遺跡群を周り、縄文世界にはまだ知られてない奥行きがあるのだろうと感じられた。


私達が受けてきた歴史の授業で、古代の日本、特に縄文時代についてどれくらいの事を学んだか覚えているだろうか？　恐らく、殆どの方が「縄文人がいた」「貝塚が残されている」「縄文土器が発見された」といった程度の解説を受けて、その後すぐに弥生時代に進んだと思われる。次章からは、この知られざる縄文の世界について書いていく。

古代人に関して、

「縄文人は自然を敬い全てに神が宿ると信じていた」とか
「縄文人は狩猟採集民族、獣を捕り栗を拾っていた」など

今や定型句の様になってしまった幾つかの言葉があるが、中には半世紀以上前の誤った解釈もあり、縄文世界について綴りながら、これらを解き明かしていきたいと思う。

第IX章

縄文人封印の謎

知られざるストーンサークル

ストーンサークル＝環状列石と言い、環状に石を配列したもので、日時計または祭祀場として考えられ埋葬を伴う場合もある。四〜五〇〇〇年ほど前、イギリスと日本、そして中国黄河上流（斉家文化）に存在していた。エジプトのピラミッドより古い遺跡群だ。

二〇二一年『北海道・北東北の縄文遺跡群』として幾つかのストーンサークルも世界遺産に登録された。あまり知られて無いようだが、全国に一七八カ所あるストーンサークルの大半は東北にあるらしい。（岩手県：御所野遺跡ストーンサークル、秋田県：大湯ストーンサークル、伊勢堂岱遺跡ストーンサークル、青森県：大森勝山遺跡ストーンサークル、小牧野遺跡ストーンサークルなど）

ストーンサークルに使う石は、夥しい数の石がソリの様なもので山麓の河川から運ばれたと考えられている。二十種類以上の石が使われていて遺跡によって石の色や組合せが違う。サークルを囲む様に住居や工房、集会場、納骨地を配する環状都市を形成し、定住性があり、八百年で八百棟の住居が造られた跡も見つかっている。

ユーラシア大陸の西と東、文字文化を持たないケルト人と縄文人が何故同じ様にストーンサークルを作っていたかは謎だが、弥生時代になり日本には弥生人が、イギリスにはビーカー人が渡来してきて、やはり同じ様な時期にどちらも姿を消していった。

日本のストーンサークルは比較的小さく直系50m程度だが、諏訪盆地にある『阿久遺跡』では、イギリスの世界最大のストーンサークルに次ぐ、直系120メートルもの大型ストーンサークルが見つかり、高速道路工事に先がけ発掘調査された。時代も、縄文前期＝六五〇〇年〜五〇〇〇年前の遺跡で世界最古級のストーンサークルだ。使われた石は、十万個とも三十万個とも言われる。

『知られざるストーンサークル』とはこの最大最古級ストーンサークルの事だ。

ストーンサークルがあった「阿久遺跡」は、中央高速道路の下にそのまま埋め戻して埋没させる方法で保存したそうだ。（保存なのだろうか……封印されてしまった感じもするが）

考古学、縄文観を覆した大発見であり世界有数の貴重な遺跡だった様だが、発見された時代が違えば『世界遺産』となり高速道路下に埋めずに保存された可能性もあったかもしれない。世界的な遺産ではあっても地中に埋もれたままでは世界遺産になり様もないが、東京ドーム一個分の大規模な遺跡は、国史跡として半永久的に高速道路の下に埋もれたままなのだろうか。世界遺産となった東北のストーンサークル群と違い、諏訪盆地の阿久遺跡ストーンサークルは埋められた存在であることさえ知られてない。ただでさえあまり知られてない日本のストーンサークルだが、せめてレプリカ展示や復元であっても国民の共有財産である遺跡・120メートルのストーンサークルを見てみたいという気持ちになる。

秋田県　大湯ストーンサークルの日時計

ストーンサークルの謎

ストーンサークルの謎の一つで、二百年かけて十世代以上に亘り作り続けられ、しかも未完成なまま終わっているという事がある。二百年もかけずに作ることができたであろうストーンサークルを未完成のままにしているのは、満ち欠けする月の持つ「死と再生」のイメージが理由と考えられている。「月は満ちれば欠ける」為、わざと完成させない習慣があるので未完成の理由にはなるが、それだけだと二百年の歳月をかけた説明には足らない。

センターの石柱は日時計であり、周囲のサークルはマヤや中国の遺跡の様に円形カレンダーの機能もあると思われ、大森勝山のストーンサークルは中心のメンヒル（立石）から見て岩木山の山頂に冬至の日に陽が沈み、小牧野遺跡ではサークル中心から見て八甲田山の登頂に冬至に陽が昇り、遺跡内の石碑の方角に夏至の陽が昇る造りになっている。二百年かけて未完成にしているという事は、世代を超え続けてきた伝統があったのだろう。まず、月のイメージを外して考えてみる。

二百年という歳月は、観測や記録の結果ではないだろうか。中心集落は岩木山、八甲田山など火山の周りに造られた為、毎年噴火が無かった事を石文字によって記録した。配石の形や石色でコード化され、安全な状態であった二百年の観測結果が伝えられ、或いは噴火があれば最後の欄に書きこむ事になっていたのかもしれない。伊勢堂岱遺跡が望む白神山地も、十七世紀までは活火山だった。カレンダーであると共に、火山の二百年の様子を後世に残す記録版だったのではないだろうか。

封印され続ける縄文人の謎

『縄文』は、明治時代の影響が残るせいか封印される傾向が強い。信じられない事だが平成の時代になっても、教科書から縄文時代が消されてしまった事があったという。

古代ミステリーというより現代も続いている縄文人封印のミステリーについて触れていく。何故、縄文人は消されるのか？

宗教政策史の視点からも考えてみる。縄文の過去は一万六千年と長いが、歴史は短い。明治十年に研究の為にアメリカから来日したモース博士が、東京の大森で縄文時代の貝塚を発見したのがきっかけで、日本の考古学・人類学が始まった。縄を模様にした土器の特徴から「縄文」とよばれる様になった。しかし、明治時代の教科書には縄文人の事は何も書かれてなく「日本人とは関係がない、野蛮人がいた時代」と教えられていた。そして、古事記・日本書紀に記されている神話は全て史実であり、日本は天照大神を始祖とする神国であるという宗教政策的な国史教育が戦前まで続いてきた。

アイヌや沖縄だけでなく本土日本人にも縄文人のDNAが残されていて、分子人類学では「日本人の祖先は縄文人と弥生人の二重構造」とされているが、「日本の歴史は天照大神を始祖として天孫族によって二六〇〇年前から始まった」という戦前の信念は今も残り、縄文の存在は認知されながらも、歴史からは除く姿勢が影を落としている様だ。戦前ならいざしらず、未だに明治時代のことを本気で信じている人はいないと思うが、神社などでもよく耳にするのは「一応、そういう事になっています」と、やんわりと明言を避ける言い方が多い。二六〇〇年より前のことは、なんとなくタブーなのだ。

そもそも、古事記・日本書紀は千三百年ほど前の天武天皇の宗教政策から始まったもので、一四〇〇年〜一万六五〇〇年前の日本はこの時点で封印されたといっても過言ではない。

天武朝廷の日本建国

千三百年ほど前のこと。天武天皇こと大海人皇子は、皇位争いとなった壬申の乱の出征時に、それまでクローズアップされてなかった『天照大神』の存在や、神武天皇の東征神話を持ち出して自軍を鼓舞し、勝利へと導いた。律令化による日本建国時代の強力な実行者が天武天皇で、日本の基底文化に多大な影響を与えた。初めて「天皇」という王号を使い、宗教政策では、古事記・日本書紀の編纂を命じ、伊勢神宮の社格を日本一に押し上げ、一時は仏教の布教も禁じた。律令政策では、部族連合国の和国の旧習を払拭し朝廷での位階氏姓を整備し、公地公民と徴税と徴兵、東北の蝦夷族の酋長二百人を朝廷に来朝させ東北~九州までを統べた。天武天皇の政策は、持統天皇、文武天皇そして藤原不比等へと受け継がれ、

遂には「日本国」の国号で遣唐使を送り、時の中国皇帝・武則天に

「もう和国という国は無いのでその名で読んではいけない。皆、日本国と呼ぶように」と、

言わしめた。そして、大宝律令、古事記・日本書紀、和同開珎、藤原宮が完成し『日本国』は名実ともに建国された。

と、ここまで強力に完成されるともはや縄文人の歴史など（どこいった？）となる。

明治時代は、この千三百年前の天武天皇の強力な時代観のいわば復刻版だ。

考古学的な新たな発見や科学的な解明が進んでいく中でも、明治時代の教えである天照大神の始祖を脅かす様な事柄は、封じられる傾向が現代でもまだ残っているのではないだろうか。しかし日本国の始祖神が何れであろうとも、それが＝それ以前の歴史が封印される事と同じになってしまっては残念だと思う。日本には世界最古の遺物も沢山残されていて、国の始祖よりも私達の祖先は古いのだ。「始祖を祭り先祖を敬う」といった精神性で、始祖以前の時代観との両立はできないものかという気になってくる。

迷走する縄文時代の扱い

戦後、昭和天皇が「神ではなく人です」というカミングアウトをされて、教科書が黒塗りされた後に、GHQの政策による国定教科書が出来上がり、

初めて日本の歴史の1頁目に天照大神ではなく、「縄文人」が登場した。それまで史実として教えられてきた神話が考古学的な事実にとって代わられてしまった事は、当時の日本人にとっては大きなパラダイムショックだった事だろう。それまでは、日本は神が作った神国で世界に比類なき天皇中心

の皇国であると教えられてきたのが、史実ではないと覆されたのだ。

私の父は戦中派で、教育勅語で育てられた世代だが、敗戦の喪失感はずっと心の底に存在している様だった。……一度、勇気を出して父に聞いてみたことがあった。

「日本が戦争に負けたのは（当時小学生だった）自分が頑張らなかったせいで天皇陛下に申し訳ない。」

と、もしかして今でもそう思っているのかと？

父の顔はとたんに曇り、暫し押黙ったあと
「そうだ…」と、呟いた。

終戦で時が止まったまま子供時代の自分が、心の底で自らをずっと責め続けているらしい。時間薬が効かない事を心的外傷後ストレスと言うが、癒える事のない抑圧が残っていた日本人は多かったのではないだろうか？　神国主義は国民の義務であるかの如く存在していたものだ。ある方の話では、そう教えられた世代が次の世代にもそう教え続け、世代連鎖してしまっているのが現代にも影響を与えているのだという。

それでも「神話は史実ではない」という歴史観は一時的にとって代わられ、戦後束の間、考古学や民俗学・人類学などの新たな学術分野から歴史が見直されるかにみえた。学習指導要領は

「神話より考古学的な成果を大切にする」となったが、しかしこうした教育を受けられたのは団塊の世代だけだった様で、直ぐにまた「神話や古事記・日本書紀を大切にする」という考古学軽視が始まった。

「考古学的興味に児童を深入りさせるな」という指導に変わり、近代・現代史に力を入れる様に強調されたらしい。縄文時代の記述は徐々に教科書から削られていき、遂に平成時代にはまた縄文人が姿を消してしまった。流石にこれは考古学界からも反対声明があり、再び縄文時代は教科書に登場するが、今度は、

「縄文は他の四大文明とは違う世界最古の文明。外洋航海も盛んで、食物栽培が行われ都市が造られ神殿があった。」等と、逆に盛り過ぎな展開になった。

何れにせよ考古学とは乖離した何かしらのパワーを感じる。考古学者の戸沢充則氏は著書「語りかける縄文人」（新泉社）の中で「やはり日本を特別な国としてみなそうとする優勢思想が背景にあるのではと」と警鐘を鳴らしていた。もっと遡れば昭和初期にも考古学者の藤森栄一さんは「歴史が真理の為に存在するのでなく、民族生活の為に存在することが常識になってしまった。」と嘆いていたが、

唯物主義の考古学者にとって、
唯心的な歴史主義には泣かされてきたのだろう。

考古学には先史時代というものが無い。歴史家の様に「文字文化が無いので歴史時代ではない」と先史時代の事として放っておく事はできず、たとえどんなに古くても出土した物がある以上、考古学者は一切の偏見を捨てて当時の人間たちと真摯に向かい合わなければならないのだ。かつて人々が存在した地面から下の世界と、地面から上の人々が住む世界の事情は全く様相が異なる。その何かしらの影響のせいか、私達は何の疑いもなくずっと、

『縄文人は狩猟採集民族で、暗い竪穴式住居で神に恵みを祈り、不安定でひもじい生活をしていた。』というイメージを信じ込んでいた。このイメージを抽出したある考古学者によれば、栄養不良があった骨が見つかった事と見慣れない土偶のデフォルメだけが強調された印象操作の影響だという。

そう、惨めで原始的なイメージなのだ。そう言えば何故か、アフリカのホッテントット族の事も合わせて教えられていた気がする。縄文人に対し完全にアフリカ原住民イメージができていたかもしれない。子供の頃に獲得したものは確実に先々の人生まで影響を残すものだが、まだ縄文人＝原始人的イメージを持ち続けている人は多いのではないだろうか。

『縄文人は狩猟採集』という言葉も今ではまるで枕言葉の様に定着してしまっていて、縄文の農耕に触れる事までタブーになってしまっている気がする。実際の縄文人は農耕も行い、春に草を摘み、夏に漁を行い、秋に実りを収穫し、冬には狩りも行う、食糧源を効率よく管理してきた圓耕民族なのだそうだ。

厳しかった氷期の後、人類の文化は温暖化を迎え一気に開花した。

日本では世界最古の漆塗りや土器が発明され、文化的に多彩な豊かさを持つ縄文人が登場した。青森県大平山遺跡では一万六五〇〇年前の世界最古級の土器も発見されている。ヨーロッパではまだ土器より石器が使われていた頃だ。温暖化の定着は東洋が先行していたせいか、世界的にもかなり早い段階で、私達の祖先は旧石器時代の文化から抜け出していたと思われる。しかし、一度根付いた「縄文時代は旧石器時代の様に狩猟採集が行われてきた」といった先入観はなかなか無くならない。私もこの縄文世界の素晴らしさを知らなかった子どもの頃に教えられたイメージでは、縄文人は氷河期にマンモスをとっていた原始人と同じだという感覚だった。

縄文時代の『漆塗り』や縄文時代の土器は、芸術性、意匠性にも優れ、宗教観を持たない、独特な『死生観』を持っていた人々の傑作だ。「太陽の塔」を作った芸術家の岡本太郎さんも縄文から影響を受けた一人であり、関わりのあったピカソも岡本太郎さんだけは自室に招き入れたと言うがシュールレアリスムの世界観も、何処となく一脈通じる気がする。縄文世界のイメージを、もう少し解除してみていく。

縄文列島の百世紀

厳しい氷期の後、私達の祖先は土器や漆塗りを発明し、食糧の備蓄や調理法の範囲を広げていた。世界では『新石器時代』と呼ばれるが、日本では縄文時代という。

鹿児島の種子島には、四〇〇〇〇年前から七〇〇〇年ほど前の、氷河期時代から縄文早期までの遺跡が集中していて、鹿児島県霧島市にある上野原遺跡も最古級の最大遺跡で、一万年前～弥生時代、古墳時代、そして江戸時代まで時代を超えた遺物が発掘された、言わばアカシック・タイムレコーダーの様な場所だ。中心地と思われる桜島火山を望む台地では、日本で初めて七五〇〇年前の土器が完全な形で見つかった。しかし、縄文早期六五〇〇年前頃に鬼界カルデラ海底火山の壊滅的な噴火があり九州は暫く人が住めない時代がやってきた。

縄文早期・草創記（一三〇〇〇年～六〇〇〇年前）までは縄文遺跡は九州に多かったが、海底火山噴火後は、

縄文中期は（五〇〇〇年前）、

日本アルプスの火山周辺の高原が中心地帯となり、

縄文中期～後期（四〇〇〇～三〇〇〇年前）は、

東北の十和田湖カルデラや岩木山火山周辺に遺跡が集中する様になり、次第に東日本へ縄文の中心地が移っていった様子だが、縄文晩期になると、また九州に縄文文化が登場する。

それにしても何故、火山周辺を選ぶのだろう?

鹿児島県の東側・大隅半島の南にある種子島は標高二百八十二mのゆるやかな台地の島で黒潮海流の中に位置し、鉄砲だけでなく米伝来の地でもある。白米を北端でウガヤフキアエズが、赤米を南端で玉依姫が撒いた伝承が残っている。(初代神武天皇の父母神)赤米は、陸稲としても育てられる貴重なお米で、ジャバニカ米に近いという。白米は、今の私達が食べている水稲の先祖で「ジャポニカ米」という。

稲作は弥生時代からという神話はかなり根付いているが、今では縄文の農耕や稲作は確認されているのだ。それでも尚、縄文の農耕イメージが歪められてしまうのは何故か?

消された一万年前の稲作

「縄文人は狩猟採集民族、獣を獲り栗を拾って食べていた」といったイメージは定着して久しく、

（米を食べる米一粒より小さいコクゾウムシ）

この半世紀で次々に新しい発見があったのにも関わらず、相変わらず縄文人を指してと言うときの枕言葉に使われている。

種子島の三本松遺跡の土器から約一万年前の世界最古級のコクゾウムシが見つかった。コクゾウムシは、別名「米食い虫」と言い米を主食とする虫で、稲作はそれまでコクゾウムシが発見された縄文晩期（二五〇〇年前）からという認識を覆す大発見だった。古いと食材そのものは見つけ難く、こうした痕跡で見つけるしか手段がない。

しかし、何故かこのコクゾウムシは米ではなく栗を食べていたことにされ、稲作は無かったことにされた。明確な根拠はない様だ。

北海道では五百匹のコクゾウムシを練り込んだ

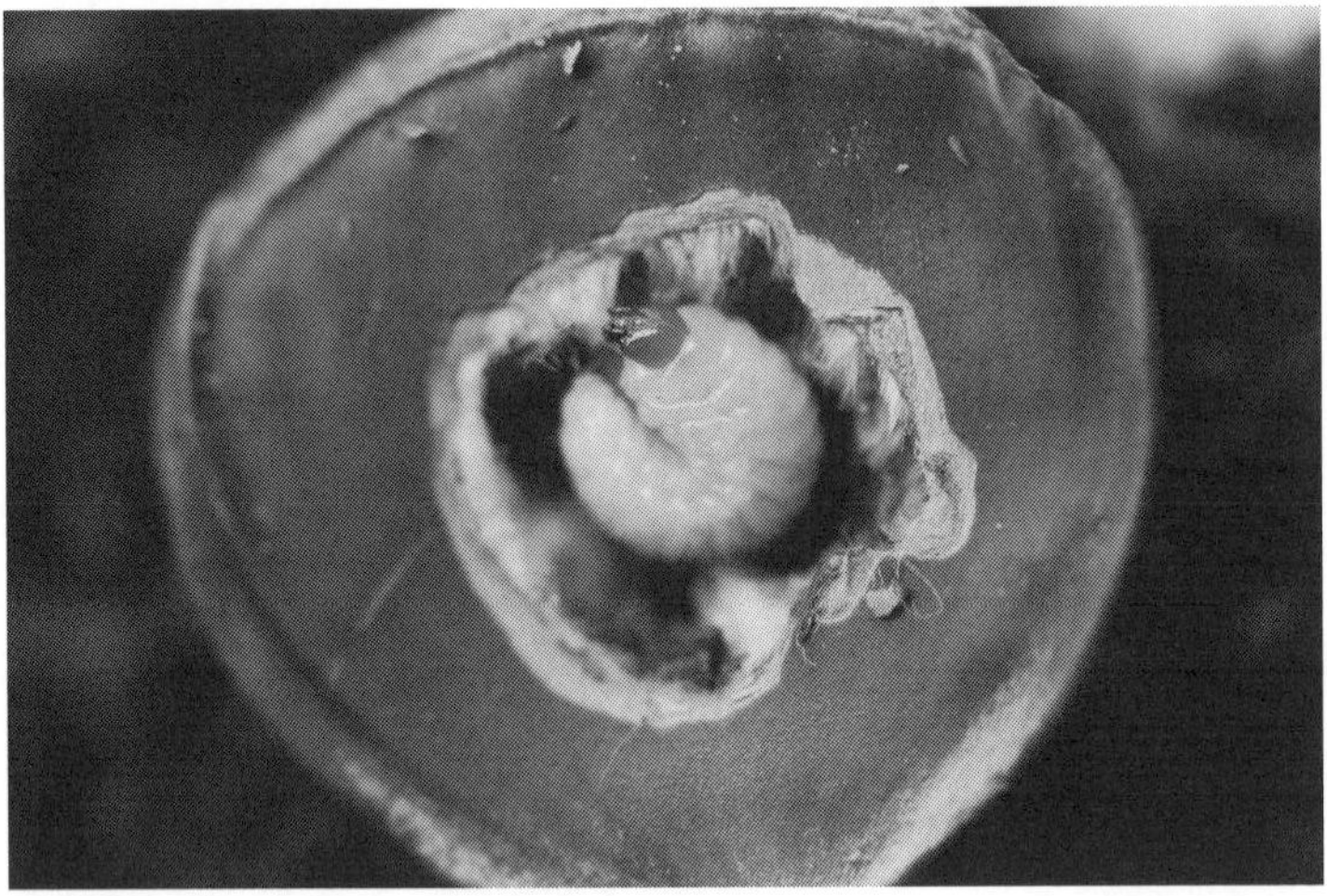
（栗を食べるクリシギゾウムシの幼虫）

縄文土器が発見された。普通に考えれば、コクゾウムシ（＝米食い虫）が大量に発見されたという事は、主食である米があったのだと証されるが、やはりこの北海道のコクゾウムシも米ではなく栗を食べていたとされ、稲作は無かったことにされた。『これは栗を食べたコクゾウムシで、栗を入れる土器を守る為、呪術的な意味で土器にコクゾウムシを練り込んだ』という。

栗には『栗シギゾウムシ』というコクゾウムシの何十倍も大きな害虫がいて栗を主食としているので、栗を守る意味ならまずクリシギゾウムシを塗り込んだと思う。米櫃で出会うコクゾウムシより、栗を守るならこっちを封じ込めるべきだろう。幼虫はたまに甘栗で当たるとトラウマになる。コクゾウムシも栗を食べることはあるとしても、このゾウムシ業界のボスクリシギゾウムシを小さいコクゾウムシが駆逐して栗を主食としていたとは信じ難い。巨大な栗シギゾウムシの幼虫がいるであろう中に、本当にコクゾウムシは卵を産み付けるのだろうか？

そして、土器に五百匹の米食虫を塗り込んだのも、呪術的な意味ではないかもしれない。虫は死ぬと『死の匂い』と言われる脂肪酸の匂いを残し、匂いを感じる触角があり嗅覚が非常に優れている虫達は、ゼッタイこの匂いに近づかなくなる。この習性を活かし、米を入れる土器に米食虫の防虫対策としてコクゾウムシを塗り込んだのだろう。

これはやはり、縄文の稲作を隠蔽して半世紀前の「栗拾い、獲物捕り」説に寄せているのではないか。遂には縄文中期～後期の土器からプラント・オパール（稲の細胞化石）が発見され、農具まで出土しているが、「縄文人は栗拾い、獲物捕り」説は頑迷で覆されるという事が無い。では、縄文の稲作とはどの様なものだったのだろうか？

縄文人の農耕とは

縄文人は火山の周囲に造った聖都を中心に住んでいた『火山の民』高原文化の民族だ。『九州』鹿児島の桜島火山の上野原・種子島

『日本アルプス』八ヶ岳の諏訪盆地・甲府盆地
『東北』岩木山、十和田・八甲田山など火山周辺の台地に中心集落を造り、集落を各地へ展開していたと思われ、九州を除く西日本は殆ど火山がない為、縄文遺跡は東日本に集中している。諏訪盆地の遺跡群は、世界最古の神殿と言われるトルコの古代遺跡「キョベクリ・テペ」の様に高地に聖都となる中心が設けられ、連なる山々の高地にも拠点を造っている。

生産と拡散は重要で、それぞれの集落（コミューン）の集達エリアは広範囲に及び、各集落との総和による巨大な共同体を形成していた。独立した各集落同士で交易を行っていた訳ではなく衛星的な各コミューンを回遊するキャラバンがいて、黒曜石、塩、食糧などを運びその領域は１０００㎞圏に及ぶ広さを誇っている。

縄文時代の稲作は、水稲でなく陸稲であり、粟稗キビなどの雑穀類と一緒に稲も撒かれて収穫される。縄文晩期の水稲と違い、陸稲は雑穀類の中の一つでしかなかった。縄文時代の鋤鍬や縄文土器と共に稲作は発見されているが、弥生時代と言い換えられてしまう事も多い。

弥生時代との決定的な違い、彼らが時代を超えて一万年以上も火山地帯の辺縁を中心に、集落を作っていたのは農耕目的の為だった。

シラス台地（テフラ台地）などの火山土壌は粒子の大きな堆積物で水ハケがよく、粘土が必要な水稲には不向きだが、巨大な桜島ダイコンで知られる様に水ハケの良さと通気性を好む農作物には適している。特に稲科の粟、ヒエ、キビ、陸稲など縄文人が食べていた雑穀類などは湿気を嫌う為、水捌けの良い土地に適していて、しかも年に二度も収穫できるのだ。まさに五穀豊穣の地だった。

火山は山の中腹より高いほど雨が降り、多孔質の溶岩に吸水されて地下水や湧水が豊富となり山自体が天然の巨大貯水タンクであり浄化槽のような状態になっていて、雨だけが頼りの天水型農業と違って水源に困るという事がない。山の斜面などでは、地下を流れる水だけで耕作が可能で、水撒きなどの手間も掛からなかった。噴火のデメリットはあるにせよ、平地の水稲栽培の日照り旱魃リスクに比べれば高原農耕の方が遙かにリスクは少なかった。水稲が主食の農耕民族に侵略されないと言うメリットもあったかもしれない。そして、火山周辺のもう一つの利点は、黒曜石があったということだ。火山噴出岩礫が急速に冷やされできる天然ガラスのことで、鉄器が登場するまでは、この黒曜石を割ったガラスを刃物として使っていた。調理場やクッキーやパン状のものを練って焼いた跡も見つかっていて、鹿児島では1万年ほど前の調理施設も見つかっている。連穴土坑内からはシカ・イノシシに由来する残留脂肪酸が検出され、ベーコンなど保存加工用の燻製施設とみられ九五〇〇年前に使われていたことが確認された。貝塚など海の幸もあり、漁・農・猟とバランスのとれた食生活だった事が窺える。

縄文の水差しと、ベンガラや漆で着色された朱色は縄文土器ならではの粋だが、これらの縄文食器に盛り付けされた貝とイノシシの縄文鍋、縄文団子、縄文焼きなどの料理を見るとまるで居酒屋メニューか懐石料理のメニューの様だ。しかし、考えてみれば縄文人達が普通に食べていた食事である。マンモスで飢えをしのぐしか無かった様な氷河期ならいざしらず「とったどー」などと無人島生活の様なサバイバル生活で、一万年以上も生き延びられる訳が無い。そして一万年も獣を獲って栗を拾い続けるとは退屈すぎる生活だ。材質こそ鉄やプラスチックでは無いが、子供に作ってあげたおままごとセットやオモチャの土器からも私達と同じ愛情が伝わってくる様で、精神的な豊かさが溢れていた証しだと感じる。

他にも縄文の歪んだイメージを含めてざっと纏めてみると、

1．石の矢尻とイノシシを獲っていたという事だけで縄文は「狩猟民族」とされてしまった。
2．「狩猟民族」は農耕民族の稲作文化より劣っている原始的な人々という偏見が定着した。
3．後々の発見で、縄文農耕は濃厚になったが「獲物を獲って栗を拾っていた」という定説を今さら変えることができず、
4．稲を神聖視する信仰や国史観も相まって、縄文農耕＝特に稲作は徹底的に否定され
5．ピラミッドより古い世界的にも貴重だと思われる遺跡群も、日本では全くパッとしない
6．一万六五〇〇年前から続く日本の縄文は、当時のユーラシア大陸の遺跡文化とも共通点が見受けられる世界的にも貴重な遺産の様だ

縄文人は実際は、農耕だけに頼らず漁・猟・農とバランスよく食糧を管理した民族だった。

『獲物を捕り、栗を拾って食べていた人々』というイメージは払拭された。

第X章

縄文人消滅の謎

縄文人と弥生人

近頃では、ＤＮＡ解析により人類の起源を分析する『分子人類学』の進歩によって、日本人の起源も次第に解き明かされる様になってきた。今のところ日本人の起源は、先住の『縄文人』と渡来した『弥生人』の二重構造と言われている。

人類の起源は二百万年前のアフリカに生まれ、約七～八万年ほど前にアフリカを出て暫く西アジアにいたが、やがてユーラシア大陸の東西へ広がっていった。厳しい氷期が終わり大陸の東の果て、石器人が住む日本列島に縄文人が来たのは約一万六五〇〇年前頃だ。

北ルート渡来説もあったが南ルート説の方も解析され、南アジア（ネパール）から日本人の祖先となる縄文人がやってきて、ＤＮＡ系統樹ではアメリカの先住民へ枝分かれしたという。日本人というより東アジア人の祖先※となったのが縄文人の様だ。アメリカでは縄文とそっくりな一万六〇〇〇年前の石器も出土し、海を越えた技術的な交流が注目されている。

（※東アジア人とは＝東南アジア人・縄文人・東北アジア人の三系統。ネパール人は日本人に似ている。）

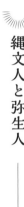

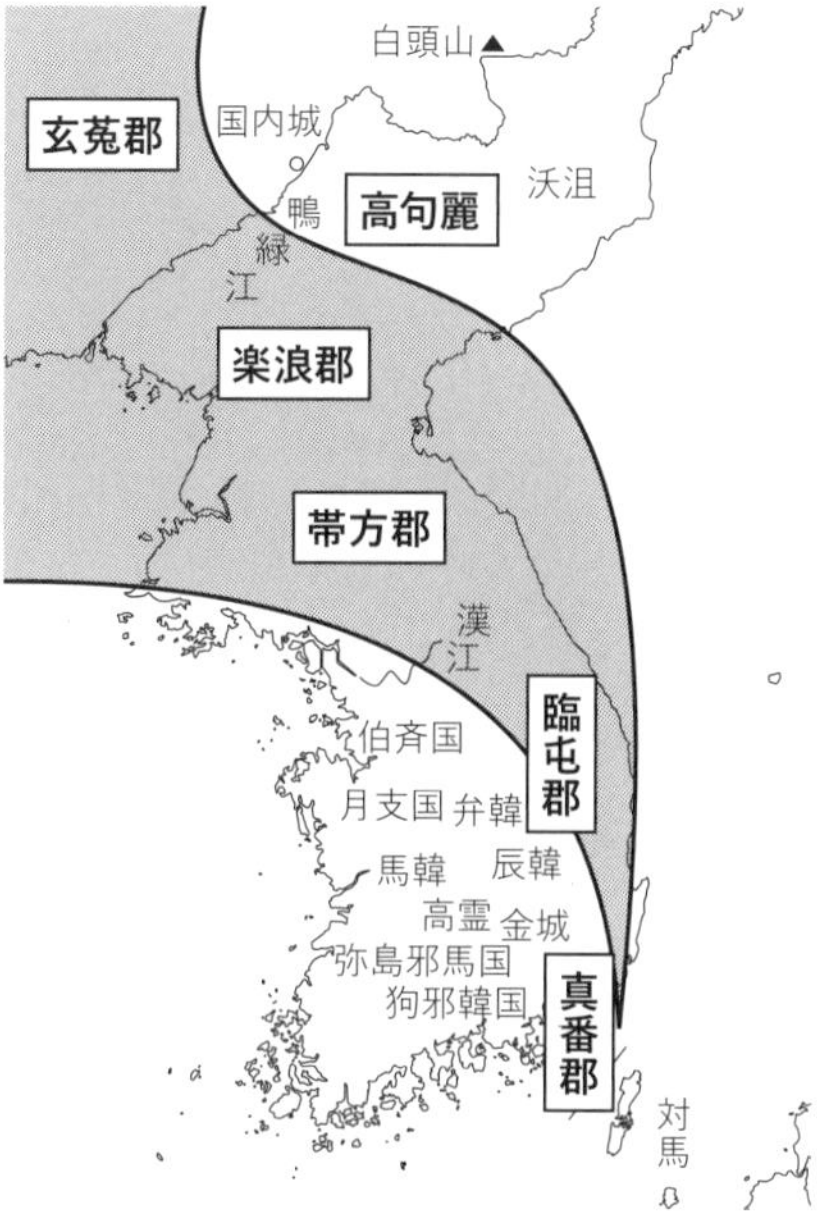

（漢が対馬近くまで進出し日本の隣国が中国だった頃）

今から二五〇〇年ほど前（諸説有）、縄文人は渡来してきた弥生人と入れ替わるように姿を消してしまった。

何故、縄文人は忽然と消えたのか？

二章でも書いたが、二五〇〇年前は、中国は戦乱の時代であり民族の移動や日本列島へ逃げる人々が爆発的に増えたと言われている。中国の春秋・戦国時代には呉と越の戦で呉が滅ぼされ、和国へ亡命したことが史書に記されている。

またこの頃の弥生人の事を『プロパーコリアン』ともいい、かつての朝鮮半島の先住民（倭人）が日本列島に渡ってきたという説がある。特に漢の武帝が古朝鮮（衛氏朝鮮）を滅ぼした紀元前一世紀頃になると朝鮮半島への中国支配が最長に及び、多くの半島人は日本列島にも逃げてきた。

逃げ遅れた人々は漢に俘囚《ふしゅう》として連行され、高句麗は漢から逃げた古朝鮮の流民を吸収して建国された国だったが、漢の玄菟郡や楽浪郡からは攻められ流民狩りが続けられていたので、高句麗へ逃げるよりも海を渡った流民も多かったろう。

渡来してきた弥生人達は本土日本人の直近の祖先であり、縄文人の消滅となんらかの関わりがあると考えられている。寒冷化による自然滅亡説もあるが、縄文時代は一万年の間に何度か寒冷化と温暖化があり、寒冷化だけで全滅したとは考え難い。大量虐殺説は弱く、弥生人が持ち込んだ伝染病説（縄文人には伝染病がなく免疫がなかった為、結核などで滅んだ）、弥生人と同化した説など様々な憶測がある。本土日本人には十二％縄文人のＤＮＡがあるらしく、同化混血はあったのだ。

同化には、平和的な合併と支配的な合併があるが、同じ頃に西アジアで起きたユダヤ人のバビロン捕囚の様に農耕民族が、異民族を捕囚として使役させる方法はこの時代は常だった。日本ではそれらは後々、部民・奴婢と呼ばれ、部族が所有する私有民となる。

尚、弥生人達が何処の国から渡来したか？　の解明は進んでなく、イスラエルや中国など外国側でも研究されている「ユダヤ渡来説」「徐福渡来説」以外はあまり出会ったことがない。国内では分子生物学を除いて最も注目されているのは、この時代だけかもしれない。

稲作で豊かさが向上したという嘘

縄文人の平均寿命は長くはない。三十五にもなれば高齢者入りし、五十歳まで生きられれば「長寿」となる。長老やリーダーは存在していても身分などは発生することも無く、長く生きた者が次世代に繋ぎ、そしてまた長く生きた者が次世代に繋ぐという命のリレーにより存在しているコミュニティだ。戦争や支配など無縁の世界で、そこへ武器を携え、身分や支配を維持できるだけの寿命がある『弥生人』達が乗り込んできた。

『稲作によって食糧が豊富になったことで、支配階級と下層身分が生まれた』と言う稲作による農耕社会の変化の説明があるが、農耕社会の中だけで下層民が生まれた訳ではなく、実は異民族への捕囚や奴隷狩りによって下層身分を生みだしていた事は否めない。

「稲作によって労働力が必要になり、異民族を捕囚・奴婢として取り込み、支配者と下層身分が生まれ、生産性が向上し、食糧が豊富になった。」と、

逆説的に説明した方がより歴史的なリアリティがある。

農耕民族のバビロニアはユダヤ人の捕囚、中国は古朝鮮人の俘囚化、下層民化に成功して、集団サイズの拡張と農耕サイズの拡張によって豊かになっていった。

日本の農耕民族は、弥生時代から千年も経つと流石に生産性は向上し、かつての俘囚・奴婢は小作人レベルへと向上していた。7～8世紀の律令制の時代には国家体制が強まり、ヤマト朝廷は奴婢・部民などの奴隷民・私有民を認めずに全てを国民としたが（リンカーンの奴隷解放より千年以上早い）、江戸時代になっても、商人がアイヌの人々に対して行っていた酷いことを考えれば、異民族への接し方は紀元前でも想像にかたくない。

何故、この様な想像をするかというと縄文人が弥生人と入れ替わる様に姿を消した事が『一気に全滅した』とは考え難いからだ。ただ、時代を画して縄文土器も姿を消し弥生土器にとって代わっているので、絶滅はしなかったが、縄文人の文化を自ら残せない様な農耕文化の中で生き、私達に遺伝子だけを残していったのではないだろうか？

縄文土器を残せない縄文人

北海道・東北で弥生人が縄文人消滅に関わったとは考え難いが、労働力の為に連れ去られていった可能性は考えられる。更に北にいた縄文人はアイヌの人々に五十％同化し、連れ去られた縄文人は本土日本人に十二%、南へ逃げた縄文人は沖縄人（ウチナンチュ）に二十～三十%の遺伝子を残した。寒冷化や伝染病で全滅したのなら、本土日本人に縄文人のＤＮＡは残されない。縄文文化を残せず、遺伝情報だけを残した混血期の時代がある程度長く続いたであろうことが窺える。種子島では弥生式の土葬から、縄文人の特徴である抜歯の跡がある身長百五十三センチという低身長の遺骨が発見された。縄文晩期から弥生時代にかけて同化の時代があり、弥生人達のエリート・ドミナンス効果（支配者側の言語・文化・宗教に置き換えられ浸透していく）が混血の進行と共に徐々に浸透していったのだ。

混血期に併存していた時代は多様性があった様で、沖縄ではグスク時代の支配が始まる十二世紀頃まで縄文土器（火焔土器）が作られていたので、本土日本人とはまた違う長い平和的な共存の時代もあったのだ。中国地方の弥生遺跡からは縄文時代の土印に似た分銅型の土器が見つかり、縄文から弥生への連続性を示す貴重な遺物であり、意匠を継承すること自体平和的な同化だったのだろう。

因みに、縄文人には大人の歯が生えそろうと左右の犬歯を抜く習慣があり、考古学では「大人になる為の痛みを与える通過儀礼だった」と言う理由しか考えられていない様だが、ある歯科医師によれば抜歯により何が起こるかを考えると、人工的に平衡咬合を作り出す手段だったのではないかという。鉄も無い時代から何千年も抜歯し続けてきたのは、何かしらの合目的な目的があったと思われる。かつては「縄文人の寿命が短いのは過酷な環境だった為」と考えられてきたが、昨今では抜歯の影響による老化遺伝子の研究も進んできていて、この抜歯習慣は縄文人の寿命が短かったこととも関係があるかもしれない。

縄文時代の終わりと弥生時代の始まりは確かではなく、学者によって唱えられる説はそれぞれ違う。縄文と弥生時代の境界が、三〇〇〇～二三〇〇年前と諸説に幅があるのは、渡来してきた弥生人との同化が始まり、縄文人の血統が混血によって弥生人の中に完全に埋没するまで数百年かかったという事なのだろう。

縄文人はフリーセックスだったか!?

他の哺乳類と比べて『発情期が異常に長い』と言われる現代人の性感覚からでは、発情期が長いというほど寿命が長くもない縄文人の繁殖行為は到底同じに考えることはできない。

集団での子育て、集団での繁殖は、生存戦略としては正しく、現代人の様なつがいでの子づくり子育てをしていては生存戦略としては怠けている状態であり、一万年どころか僅か数世代で絶滅してしまったかもしれない。フリーセックスといっても現代人が考える様な意味ではないのだ。

縄文人のコミュニティには核家族制は無く、現代人と比べ社会扶養、社会連帯、社会責任が非常に発達していた。

うちの子⇕みんなの子

親の責任⇕みんなの責任

家族扶養⇕社会扶養

『みんなで子づくりみんなで子育て』は人としての大道を生きていたコミュニティの在り方だ。「縄文時代は身分の差は殆ど無かった」との考えもあるそうだが、身分を考える事自体ナンセンスで、ただ、長く生きた人とそうでない人、時系列的な前後の差こそあれ、上下はない。大きな構造物は＝「強い支配者がいたはずに違いない」と初歩的な間違いを起こしやすいが、縄文に限っては北海道のキウス周堤墓の様に、主体的な共同創造により力を発揮し、大規模構造物を造る場合もある。

制度としての結婚も、そもそも為政者が市民を支配しやすくする為に単体化させたもので、元々人間の女性は生涯で三人ほどの男性の子を産むものだった。遺伝子の組み合わせの多様性は病気を予防する。回遊性のある男性グループもいて彼らは全体の集団繁殖の場において、遺伝子ポーターとして重要な存在であり、集落内での近親交配率を下げ遺伝子の劣化を予防していた。そして、この男たちのチームは素晴らしく頼もしかった。

こうした『縄文コミュニティ』のような集団での子育て子づくりの文化は四章で書いた様に中国江南や東南アジアでの稲作文化でも存在していたが、結婚制度や身分制度が強まると共に排除されていった。

大道を生きたタオイズムの縄文

縄文人が姿を消した頃、中国では『孔子』という偉人が社会構成の変化に対して法治国家化への警鐘を鳴らしていた。ギリシャのソクラテスが法治国家の為に毒を飲んだ時代でもあり世界は「法」の規制が上昇していた。孔子によれば、

『法治国家』は最も次元の低い国家で、法を定めては人々は法の抜け道をみつけて悪い事をするのが無くならないという。

（※性悪説により法の支配が必要との事が、かえって悪事を助長してしまう社会。確かに孔子が言ったとおり二千五百年経った今でも贈収賄や脱法行為、合法化は無くならない。）

『徳治国家』は次に次元の高い国家で、法律はなく道徳や為政者の思いやりなど人々の常識や良識によって国が治まっている状態。

（※性善説だが、現代人もいちいち法律刑罰を知り従っている訳ではなく、行政手続きなどを除けば殆どの人々は良識や常識だけで生活しているので、徳治に寄っているのかもしれない。）

『道治国家』が一番高い次元とされ、法も徳もなく治まっている社会。人々はあるがままの大道を生きて成り立っている。王がいたとしても王の存在さえ忘れるくらい平和な状態を上善とする。

大道（タオ）＝タオイズムというが、縄文人はタオであり、身分や法律、アニミズムや宗教など、現代人が考えるような社会性や精神性は存在してなかった。（現代人からすると非常識な社会だ）一万年というサスティナブルな文化の継続は、生存戦略としては正しかったと言う他ないが、孔子の警鐘も虚しく、世界は法治国家となり、縄文人のコミュニティの様な道治国家は存在し得なくなった。

残る縄文遺伝子の謎

九州と東北に縄文人の遺伝子は色濃く残り、近畿や関東では薄いという濃淡があるが、弥生人の上陸地である九州に色濃く残っているのが「謎」とされている。

弥生人が九州を征圧して縄文人は逃げたのならば、九州にその痕跡は色濃く残らないはずだが、逆に九州に縄文人のＤＮＡが色濃く残っているのならば、多くの縄文人が労働力として九州に集められたのだろう。中国が古朝鮮を滅ぼした時には、朝鮮半島から数万人が捕囚となり中国へ連行されていったが、漢に多くの民が奪われてしまった古朝鮮の人々は、日本列島に進出しても今までの農耕社会を形成することができず、異民族を取り入れて農耕社会をつくり直したのかもしれない。

逆に縄文の聖地だった長野県の尖石遺跡では、縄文土器だけを残し、人々が突然いなくなったのが「謎」とされてきた。

縄文人のＤＮＡは東北と九州に色濃く残されているのは、弥生人の侵略により東北に逃げたか、九州に連れ去られたのかの何れかだったのだ。弥生時代に鉄器はあったものの農具はまだ旧石器時代に近いものもあり、それを補うだけの労働力は必要だった。開拓時代に最も大勢の労働力の必要性があったのは稲作そのものでなく、開墾、治水事業等の土木工事だ。石を運び、道を拓き、堤を造り、水路と畦道作り、灌漑インフラ整備は縄文人の協力なしでは到底できなかったのだろう。開墾期から収穫の安定期まで数年は掛かるものだが、縄文人の存在が無ければもっと年月が掛かってしまい、飢え死にしたリスクもあったはずだ。

文明ではなく文化

縄文文化は広範囲の流通のネットワークがあり、DNA（遺伝情報）を残しつつも一様に日本列島から縄文文化が姿を消したのは、各地の集落のみで存在していた訳ではなく、このネットワークによって存在していたことが理由だ。縄文人らは、弥生人に連れ去られ独自性や文化を失っていき同化した。

「文明」とは農耕・都市国家などを基本とした呼び方で、奴隷制によって支えられ生産性の向上がある反面、継続性は比例せず、文明の繁栄と滅亡は常に繰り返されてきた。

一方、継続性に優れた縄文は分散国家であり、食糧調達など臨界点を理解した上での広範囲の人口拡散が彼らのやり方で、農耕だけに依存しない食源分散と、適度な人口拡散と、組織化に頼らない高度な社会連帯を持っていた。なので文明とは言わず、文化という。

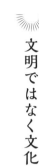

縄文には戦いというものが無かった。一方、縄文中期と同じ頃（約五千年前）、西アジアで生まれた世界最古の文明シュメールでは、都市国家ではあったものの、王朝に従う単一国家同士は文明が滅ぶまで戦闘が止むことは無かったという。

縄文の集落拡散は、こうした都市化・権力化の弊害を防ぐだけでなく他にも様々な利点があったのだろう。高度に進化した世界では、大都市は無くなり、人が集中してたくさん住んでいる場所も無ければ、全く人が住んでいないと言う場所もないという。人口の濃淡だけでなく貧富の差や格差社会の濃淡もなくなるらしい。

何をもって豊かさとするかによるが、格差を埋めてしまうほどの『溢れるばかりの豊かさ』が進化した社会にはあるのだ。貨幣経済による格差も、誰もが億万長者の様な豊かさを体験していく過程では取り残されていくのだろう。日本の一万年超というサスティナブルな歴史を振り返る時、現代人の私達もまだまだ進化の過程にあり、その様に豊かに拓けていく未来が進化の先に続いているだろう事を感じずにはいられない。

次章は、「狩猟」について一万年前の縄文意識を現代物理学から覗いてみる。宗教観が発生する遥か以前の宇宙の根源に繋がる様な生き方だ。

第XI章

真・縄文世界

アインシュタインの予言と自然崇拝の嘘

アインシュタインは約一世紀前に、相対性理論や、素粒子と波動、ゼロポイントエネルギー等を提唱した理論物理学者だ。

「科学と宗教はやがて同一のものとなるだろう」との予測をし、そして人類が生き延びられない可能性も示唆した。

『人間は私達が宇宙と呼ぶ全体の一部であり、時間と空間に限定された一部である。私達は、自分自身を、思考を、そして感情を、他と切り離されたものとして体験する。

意識についてのある種の錯覚である。～

～私達の務めは、この牢獄から自らを解放することだ。それには、共感の輪を、自然全体の美しさに広げなければならない。実質的に新しい思考の形を身につけなければ、人類は生き延びることができないだろう』

という言葉を残した。

（『アインシュタイン150の言葉』ジェリー・メイヤー／ジョン・P・ホームズ編、ディスカバー21）

アインシュタインが錯覚と言う「他者や、自然や宇宙と切り離されてしまった意識」とは？　そして、「人類が牢獄から解放され、自然や宇宙と切り離されていない思考の形」とは？　説域を広げて、宇宙の根源と繋がる様な縄文人の意識を考えてみる。

本来、日本には自然崇拝という信仰は無かった。

そもそも「自然」という言葉さえ無かったのだ。

自然崇拝ではなく、先祖崇拝だったのだが、「日本人は自然全てに神が宿ると信じ崇拝していた」という既成概念は根強いので、「自然」という言葉を持っていなかった古代日本人を理解する為に、これを取り除いてみたい。

昔の日本人は、先祖や祖神が宿る依り代の木や岩、埋葬した山に祖霊（神）を祭っていただけで何も『木や岩、自然、全てに神が宿る』と信じていた訳ではない。自然を敬うのは当り前の事だが、自然崇拝とはイギリス人のタイラーさんという学者が思いついた『アニミズム』という考え方で、私達日本人の先祖を敬うという信仰からはだいぶ外れてしまった。

西洋一神教では『先祖崇拝』が禁じられていて、特に敬虔なキリスト教徒は死後の世界観も含めて二千年近く禁じられてきたので、先祖崇拝が理解できず、日本の八百万の神々も自然崇拝から生まれた宗教だと勘違いしたのかもしれない。

「全治全能の唯一神ヲシンジナサイ」的な一神教にとって、人々が過去に実在したであろうご先祖様や始祖を神として崇めることは極めて危険で祖先崇拝はあってはならなかった。

西洋の一神教と違い、先祖を大切にした日本人にとっての神とは、部族の長や始祖を、子孫や影響を受けた後世の人々が神として祭った存在だ。日本神話のエピソードを読み「神サマなのに人間っぽいじゃん? ヘンじゃない?」と、西洋人が考えた万能神の方のイメージで考える方もいるだろうが、元々は私達と同じ人間であることに変わりない。

私達にとっての始祖であり、祖先であり、祖父母の様な存在達が八百万の神々なのだ。亡くなった人を神葬し、後世の人々が敬い神として祭ることによって神になるというのが日本の伝統であり、苗字や家紋・本貫地から遡れば八百万の神々の何れかの祖神様に辿り着く。

西洋と東洋の信仰の違い

タイラー氏の「日本人自然崇拝」説が提唱された半世紀前は、折しも日本では『天照大神』を唯一の始祖としていた明治時代の方針に回帰しようとする風潮が強かったせいか、「八百万の始祖を祭る事から八百万の神々が生まれた」というよりも「自然全てに神が宿ると信じ八百万の神々が生まれた」とした方が、都合が良かったのかもしれない。日本でもこの説は歓迎され「日本人は自然を畏れ敬い全てに神が宿ると信じた」と言う美々しい言葉の響きと共に広がり、今では枕言葉の様に定着してしまっている。

では、もっと太古の人々は自然崇拝でないのなら何を崇拝していたのか?

何も、崇拝はしていない。

死生観（サナトロジー）というパラダイムを持ち、ただ森羅万象の中に生きていた。
死生観は太古の人々独自のパラダイム（ものの見方や考え）であってレリジョン（=宗教）ではないので信仰や崇拝もない。西洋人の学者によれば「日本人の自然崇拝は木や岩に神が宿ると信じていて、これは子供が人形に話しかけるのと同じ幼稚な行為である」と言う事らしいが、何も西洋人が考える日本人自然崇拝説『アニミズム』を受け入れる必要など無い。反って日本人の精神性を損なうだけだ。

古代人は、人も自然の一部である事は当たり前だった。日本人は森羅万象に生き、わざわざ西洋人の様に人間と切り離した「自然」という対象を考えて、その上で崇拝するなどと言う発想は全く無かったのだ。自然という言葉は英語文化が入ってきた時に、日本にはNatureに対する言葉が無かった為に、仕方なく仏教用語の「法爾自然」から自然と言う字を切り取り「ネイチャー」の対訳に当てた西洋言語だ。

西洋人が自然から切り離された存在になってしまったのは、宗教政策による影響もあると思われるが、宗教観を持たない太古の人々の『死生観』とはどの様なものだったのか?

太古の世界観と量子物理学の世界

物理学では「要素を還元していく」という考え方で、物質を細かく調べていった歴史がある。物事の成り立ちは大きな宇宙でも小さな世界でも同じ法則が通用するはずだ……

ところが、その様なことは無かった。

「大は小を兼ねない」　小さな世界は全くの異世界だった。

大きな世界では、時間は過去から未来に流れ距離も存在している。これを小さくしたミクロの世界では、時間や距離に制約されることがなくなり、「永遠の今とここ」がある。

私達がみる限り同じ物質であるはずのものでも、人間も含め万物を構成している最小単位は全く別の異世界になっていた。物質は固い物ではなく、物質を構成する分子→原子→原子核→素粒子と細かくみていけば、全ては素粒子と波動としてしか存在していない。固いようでも実はスカスカなのだ。

この素粒子という物質の最小単位は、量子力学という魔訶不思議な法則によって存在している。量子（素粒子）の世界では時間の流れに支配されることが無い為、波動の波が時間経過でやがて無くなるという事もなく、一般的な距離や時間の制約が無い為、たとえ何億光年離れていても量子のもつれ状態の粒子は瞬時に反応する。そして、この世界の現象を決定づけているのは観測者の意識だ。観測者も宇宙の一部であり観測する意識の影響で結果が生成されるという。物質はその位置にそれがあるという確率にすぎない。これらの意味不明？　な性質は、量子コンピューターの速さになっている様だ。

太古の人々は、もちろん物理学の波動関数も光のスリット実験※も知らなかったが、この世界が物質化の世界であるという事を知っていて、人間の住む現象世界から非物質の世界に繋がっていたのかもしれない。アインシュタインが言っていた「他者と切り離された存在ではなく、宇宙の一部である」という意識状態だ。（※光をスリットに通す実験で、同時にいくつものルートが存在し、観測者の意識によって一つの結果が生成されたという痕跡の検証実験）

二つの異世界を繋ぐ意識

原始～現代まで、世界観は全て
生＝人間が知覚できる現象界
死＝人間が知覚できない非物質界
といった二元論から成り立ってきた事に大差はない。死生観とは宗教だけのものではなく、哲学・医学・社会にまたがる価値観で、人間が生きることで持っている当たり前の感覚だ。

太古の人々の死生観は「現象界」と「非物質界」この二つの異世界を繋ぐ意識によって生命は行き来するという、命の円環の中で生きているという感覚だった。

三千年ほど前、この二元論の非物質界の世界観を封印する「宗教」というものが発明された。宗教観が生まれた事によって天国や地獄、全知全能の神が生まれ、西洋人は二元的だった世界を宗教一色の一元的なものにしてしまい、非物質界も含む世界との繋がりから外れてしまった。

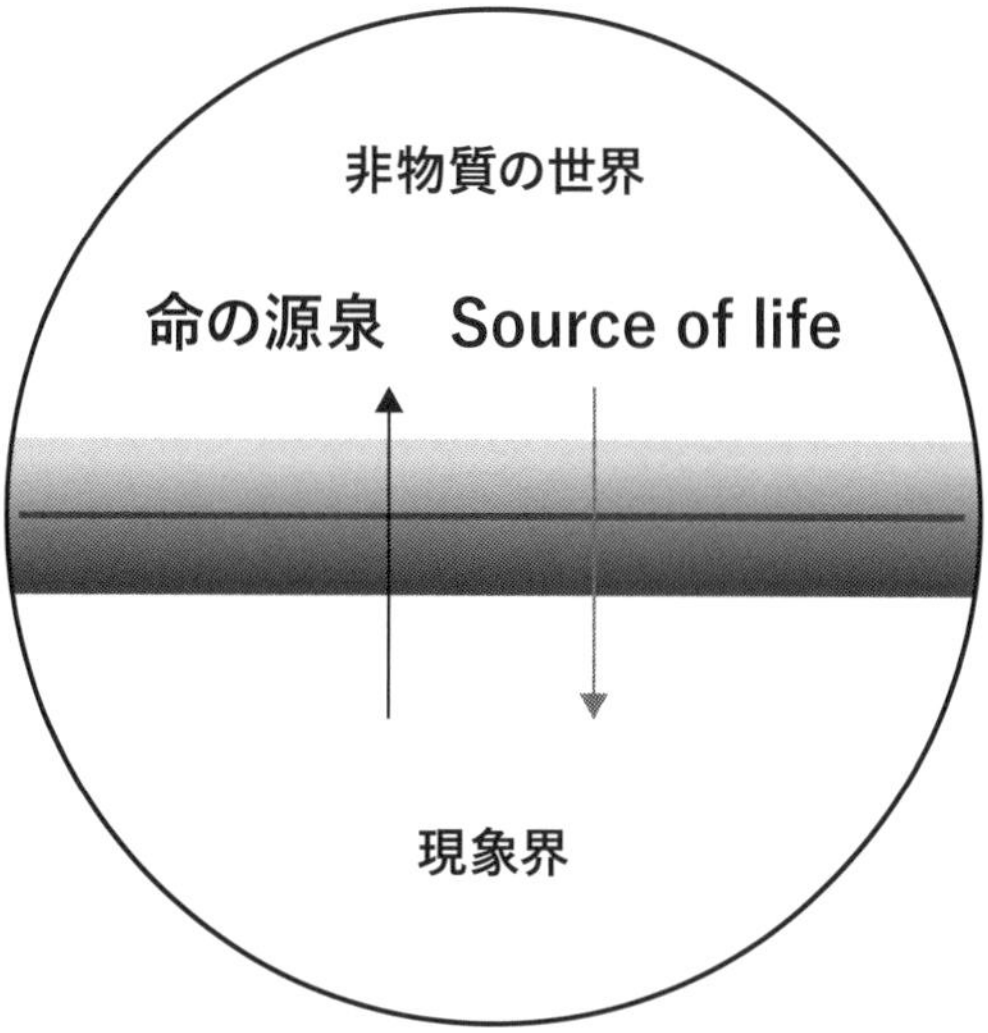

魂という非物質界と行き来する存在も否定し、まさに「魂を牢獄に閉じ込めた」と言える。

キリスト教が魂の輪廻転生を異端と排除したのは、二世紀～四世紀くらいのことらしい。

生も死後も『宗教』しかないという世界が全てで、死んだら神の元へいくとだけ教えられて、他の世界観を受け入れなくなった。非物質界と物質の現象界を「唯一の神」で一元化し、

生きては「神ヲシンジナサイ」

死んだら「神ノモトヘイクノデス」

と、二元的な世界を唯一の神一色の世界へと変えてしまったのだ。

多くの人々がこれを信じている。

一神教の死生観は、死後の世界には亡くなった八百万の始祖神さまが坐すという事など決して無い、唯一神の信仰の世界になった。

しかし、唯一なのは、

たぶん神ではなく、

本来はきっと

『意識』だけが一元的なのだ。

日本人が神として祭った八百万の祖神さまも、そうした意識の中のひとつだ。

意識は非物質界と現象界、二つの世界に存在す

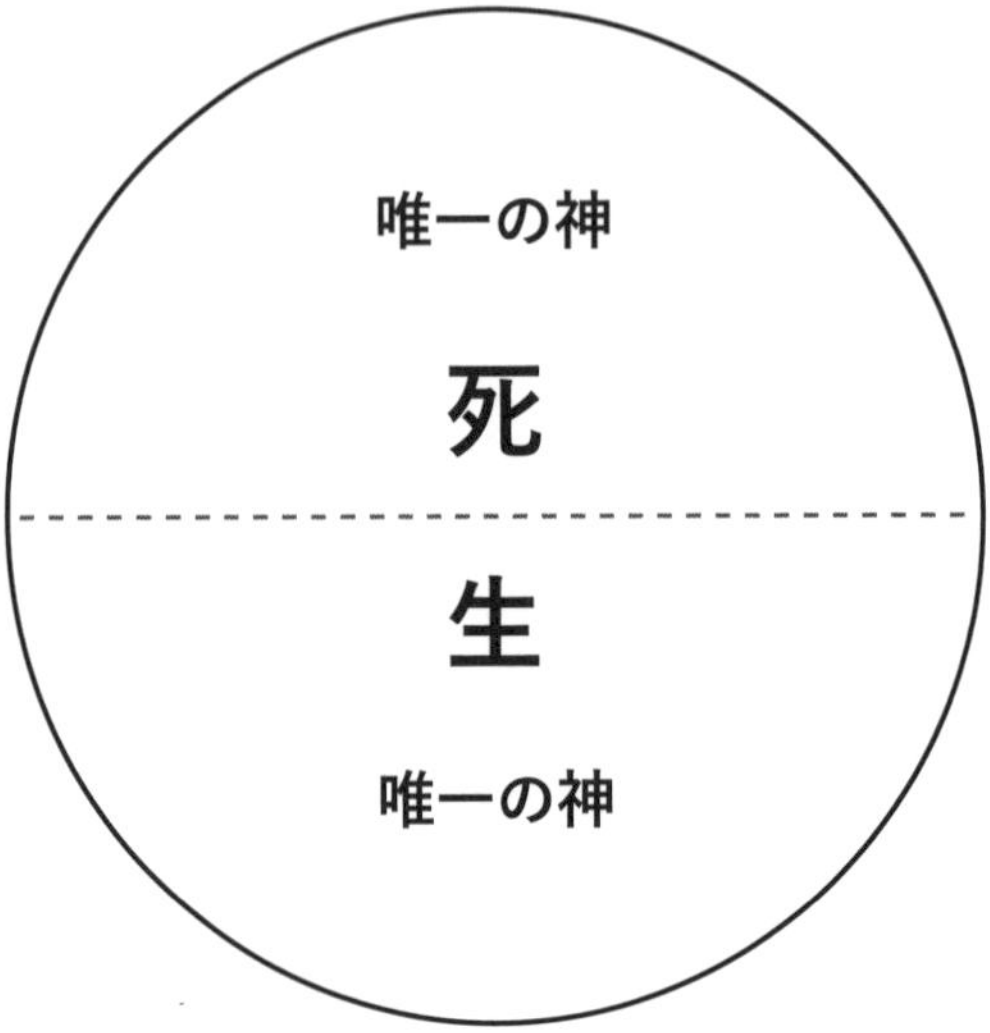

る為、意識だけが影響を及ぼすことができ、

意識の乗り物である魂は二つの異世界を行き来する。

この意識への回帰の事を「一元意識への回帰」という。キリスト意識も、天使たちの意識も繋がっている。

通常の物質世界には時空が存在し、時間は過去・現在・未来に分けられ、空間は距離によって分けられているが、素粒子の量子世界では時間と空間による分離がない事が確証されている。そして、意識の世界も量子的であることから死生学（サナトロジー）的な対象としてだけでなく、昨今では量子生物学など量子的な対象としても研究される様になってきた。

古代中国の死生観

全ての世界は素粒子と波動からなり、その波動が塊になると、物質という固さや重さなどに制限される固定された形となる。これに古代中国の死生観モデルを書き込んでみた。似ているので重なり易

い。

二千五百年前の中国の孔子という人は、鬼の道に詳しかった。日本の鬼とは異なり中国の「鬼」とは亡くなった方の霊の事であり、中国では『魂魄』と言い、魂は上に上がり非物質界にいくが『魄』は弔わなければ地に還らず、地上を彷徨う浮遊霊となる。この浮遊霊のことを鬼という。

古代中国人は現象界と非物質界に関わる死生学の研究をしていたが、二つの異世界のコヒーレント意識（同期する意識）をとても大切にしていた。なので、人を殺すことよりも、人を殺して弔わないことの方がもっと悪いこととされていた。

物質を形づくる波動の塊（＝mass、クラスター）の、「塊」という字にも「鬼」と言う字があり土へンがあるのも奇妙な符丁で、波動の物質化を示唆している様にも感じる。人は死ぬと、土塊（死体）、魄（現象界の霊）、魂（非物質界にいった不変の意識）三つの相に分かれ転位する。これが「鬼」の辿る道だ。古代中国の死生観モデルでは、世界の物事の材料は気であり、この気が集まることで「生」の状態が形成され、気が散じると「死」に至るとした。魂は天へ昇り、魄は地へ帰る現象は、気が散じてゆく姿であるという。英語では魂はソウル、魄はスピリット、鬼＝浮遊霊はゴーストと言ったところだろうか。

「波動を持つ素粒子が世界の物事の材料で、集まると物質化する。」と、気と素粒子を読み替えてみてもそう違和感はない。

元々東洋は、西洋の様に神そのものを求める宗教と違い、（神も含め）森羅万象・宇宙の理を求めていた自然科学的なものだった。その後の政策や宗教環境の変化により神々の存在が強く求められていくが、仏教（倶舎論）なども宇宙の姿を克明に伝えている。バルジは須弥山、ブラックホールは黒龍、銀河は蓮、イベントホライズンは金輪際、ボイドは虚空など、当時の人々の言葉で宇宙の姿を理解していた事は確かだ。聖徳太子がこの世のことは全て「虚仮である」と語ったことも、ようやく「ホログラム宇宙論」で理論物理学的にも解釈できる様になってきた。

古代中国の死生観では死後の世界は否定せず、尚且つ神や宗教が強く介在している訳ではなく、ただ亡くなった方を生の世界から関わる意識を大切にする考え方で、神に丸投げしてお任せする様な事はない。日本では仏教色が強かったせいかこの「魂魄」という幽冥道は定着しなかったが、死者の辿る道は概ね似ていて、現代も香典袋は亡くなったばかりは『御霊前』、法事は『御仏前』と書かれている様に人は死後、遺骨、霊、仏と、三相の転位がある事と法要など生の世界から意識的コミュニケーションがあるのは共通している。

私達は、コンビニでも普通に売っている香典袋を使ったりしているが、必ずしもこれを信仰しているという訳では無い。ただの、パラダイム（捉え方）や習慣マナーとして馴染んでいるだけで、「日本人は節操がない」という人もいるが、この日本人の非宗教性の感覚はむしろ正常なバランス感覚をもたらしていく上で今後は重要になると思う。

ハロウィンやクリスマスも、初詣もお盆も、宗教信者の行事としてではなく伝統行事や文化行事として参加しているのが殆どではないだろうか。お寺に行き穏やかさを感じ、神社では静かに瞑想した様な気分になり、教会に行けば厳かな気持ちになる。それでいい。

週末休むからと言ってモーゼの戒律を崇拝している訳でもなく、出典元はたとえ宗教であったとしても、私達にとっては信仰ではなく、習慣であり文化なのだ。

『宗教を精神的な拠り所としなければならない。宗教を持たない日本人はおかしい』という西洋的な宗教優位主義もおかしいし、考えてみれば死後の世界を宗教に独占されているのも変だ。対して「目に見えない世界を信じるなんて愚かな事だ」という宗教否定的な反発も極端であり、宗教者・無神論者どちらかの信者にもならずどちらかに固執する必要もない。ただ、普通に『死生観』を持っているだけの方がより人間的だし、霊的にも健康だと思う。（※二〇世紀末ＷＨＯ世界保健機関は、精神的・身体的・社会的な健康に加え「霊的な健康」を定義した）

私達、日本人は西洋的なバイアスがかった影響を取り払い、古代日本人の叡智を思い出し、非物質的な意識の世界との繋がりを取り戻すことはできるだろうか。

縄文スタイル

縄文人は狩猟も行っていた。氷期の旧石器人の様に落とし穴を仕掛ける時代が終わり、狩りに出かける様になって収穫エリアは広がった。出猟は何日も出かけるが、その移動範囲は１００㎞～２００㎞と広く、旅行者の様に先々のコミューンまで行き周回して戻る。特に猟師という職業では無い為、狩りの為に移動するのではなく黒曜石や塩などの必需品を周回するコミューンやキャンプに運ぶキャラバンだ。現代の様に一次産業・二次産業と階層分別されず、単純な一元産業体の方が都合が良かった。このキャラバン隊は、福祉国家スウェーデンの様な水平分配機能の担い手でもあった。

ライフスタイルも集産的だ。縄文時代は、「シェア業」であり「商業」というものはなく、剰余を生む事が無い分、非常に効率良く全てをまわしていた。そして負担な経済活動がない分、余暇を楽しんでいた。一部、畜産的な飼育も行われた可能性もあるが、実は畜産よりも狩猟の方が効率が良かったのかもしれない。後で詳しく書くが、物流の為に山を行けば、たまたま獲物も得られるといった様な、いわばシンクロニシティ経済の様なスタイルだった。この方が、飼育の手間も飼料もなくて済む。何より労働という意識もなかった。現代人は一日労働をして、余暇でウォーキングをしたり旅行にいくが、余暇のアドベンチャーの方だけで全てが適っていたのが縄文式だ。

ピースボートの寄港地やクラブメットのホテルより多い各コミューンをキャラバンの仲間達と周り、インクルーシブ（全て込み）な歓迎を受け滞在し、楽しく飲み食いしてくる。当然アクティビティ費用も食費もかからない。周回してくるキャラバンも、その物資や情報や様々な恩恵を受ける側のコミューンの人々も、お互いがお互いを歓迎し奉仕している。

シンクロニシティ経済とは、物々交換とは違う。言うならば（欲しい）と思っている時に、（あげたい）と思っている人が丁度現れるという都合の良い流通で成立している様な経済で、貨幣の介在やマーケティングを省いたものだ。よほどの、意識の共有化や集合意識が無ければ成立しない。

獲物の召喚

狩猟は、獲物との遭遇を求めてやみくもに山の中を歩き回る訳ではない。山から山への移動は同じ標高のトレイルを行く。動物達にも同じ様に、テリトリー内を移動する「獣道」という独特のルートがある。

獣道は、親から子へ受け継がれずっと同じルートが使われ、変わるということが無い。人間が侵入してきてリスクが生じても回避ルートをつくることは滅多になく、どんな動物でも先祖代々同じ獣道を使う。たとえ高速道路ができても同じルートを通るので「動物危険」の看板が立てられる。

旧石器時代は、この獣道に落とし穴を仕掛けて獲物を獲っていた。種子島で見つかった世界最古の三万五〇〇〇年前の落とし穴では、周辺に何世紀にも亘って落とし穴が作られた跡が発見されているので、落とし穴猟が行われても獣道ルート自体は変更される事はなくそのまま使われていた様子が窺える。

狩りとは、この獣道ルート上で待ち伏せをして矢を射る事だ。

獣道は変わらないので、やみくもに獣道を探す事もなく、やはり先祖代々より教えられてきた獣道の場所に出かけ待ち伏せをする。問題はいつ獣がそこを通るかだけだ。ＲＰＧゲームなどで「〇〇へ行けば○○というモンスターが出る」という様に、遭遇が繰り返される設定になっている。捕り過ぎれば遭遇が無くなり、また時間を空けていけば再生し出現する様になるというのもまるでゲームの様だ。太古のハンター達は、自分達のトレイル上にあるキャンプやコミューンを周回しながら、獣道エリアにアクセスし、待ち伏せをした。

待ち伏せ地点に獣が現れ矢を射る時

「当たれ」と、

獣を射ようと狙うのでなく

『招待する』という意識で、

矢を放つ。結果、

放った場所に

獲物が召喚されて射られる。

獲物が与えられた後、人間の住む『現象界』で確かに受け取った事を『非物質の世界』へと報告する。

すると非物質界からまた、現象世界へ命がおくられてくる。

この「現象界」と異世界との命の円環の法則の中で、生きてきたのが彼らだ。まるで引き寄せの法則の様な話だが、彼らのこの原理は決して不確かな迷信の類ではなく、実際に一万年以上も続いてきたサスティナブルな方法である。これは、非物質界からの獲物の召喚を、現象世界にいながら意識的に使いこなしていたという事なのだろうか?

現象界から招待する意識とは?

意識そのものは量子的かもしれないが、現象界で生きている私達の意識には物質的な制限を受ける意識状態と量子的で制限がない意識状態が有り、しかも物質的な意識との間には「自我意識」エゴがどっかりとマウントされてしまっている。この意識を変える（トランスする）事によって、量子的で制限のない非物質界的な意識状態に近づくと、非物質界にアクセスできる様になる。

一方、人間と違い動物は本能的な肉体意識と、非物質界の集合意識との隙間が無くエゴが強く顕在していないので、人間の様にトランスしなくても非物質界の集合意識からの影響を受けやすい。『招待』というポジティブな意識を非物質界に送ると、動物は反応して召喚されてくる。「当たれ！」は人間のエゴの強い意識で殺意が乗っているので、動物も本能的な肉体意識の方で反応してしまい反射的に逃げるが、非物質界からの招待には無意識に招かれる。

死の瞬間には何の葛藤もない。上善の死とでも言うべきかある意味大往生である。既に、心理物理学では人間も動作の大半は意識による指示ではなく、動作を起こす無意識のユニットからのインフォメーションを処理しているという事が実験により明らかになっている。

物理学的な考え方では地上界・天上界という上下はないので、量子世界は次の図の様に宇宙の根源に『包み込まれた秩序』であり、現象世界の方はそこから『はじきだされた秩序』だ。

アインシュタインが考え出したゼロポイントエネルギーのフィールドでは、真空と呼ばれる状態は量子の場であり、真空は宇宙の星々を包みこんでいるし、宇宙も真空エネルギーから生まれたと考えられているので、私達が無いとしか思えない真空世界が「宇宙の根源」なのだろう。私達は、包み込

まれている存在でありながら、素粒子レベルでは同じこの根源世界で存在している。あの世とこの世、別の場所に異世界があるのではなく、同居しているのだ。

縄文人は理論も根拠もないが、この「包みこまれた秩序」の意識の世界に繋がる事でこの「招待」↔「召喚」というゾーンによって狩りをしていた。狩りだけでなく、収穫もだ。

（むしろ理論などより実践の方が凄い）

そして、命の恵みとなり非物質界にいった動物の意識に対しても、縄文人はポジティブな意識を送っていた。貝塚も、縄文人達にとってはゴミ捨て場ではなく「ものおくり」の場であり、モニュメントだった。縄文人はこの命の円環の世界の本質を知り、途切れることなく一万年を生き延びてきた。現代の私達も、今その意識を思い出す時が来ている。

この辺りがアインシュタインの言っていた新しい思考の形のヒントになるのではないか。物質世界のより小さな、素粒子の世界。分子や原子より更に小さな素粒子の世界では、物質は物質であることを止めて意識の世界が広がっている。

意識の世界のこれから

近頃では「科学と宗教どちらも至らない」と、両分野の限界が注目される様になった。『科学は現代最大の宗教』とまで揶揄される様になってきたので、ある意味「科学と宗教は同一のものとなる」というアインシュタインの予測は当たったかもしれない。物理学の一部とスピリチュアル系の近しさは感じられるものの、科学と宗教がどちらも至らないものならば「信じるかｏｒ信じないか」の白黒主義になる必要はもう無い。グレーでいい。

「どちらとも」がスタンダードだ。権威や信仰への依存も、手放していくべきだろう。

かつて科学的であるとされた考え方では、臨死体験、夢、幽霊、幽体離脱などは『非科学』という言葉のもと、死後の世界さえ無いものとして、オカルト、気のせい、偶然という言葉で済ませていた。人間の不可解な意識現象に対しては、「説明できないものは存在しない」と信じられていて、存在しないので説明の必要は無いとしてきたのが科学だ。

しかし、量子コンピューターの実用化が進むにつれ、今後は意識の量子的な性質の研究も進むと思われ、説明できなかった人間の不可解な意識現象も解明されていくだろう。鳥や植物では量子の性質が生命活動のメカニズムに使用されていることが既に確認され、人間も脳内での量子的な伝達は存在している様だ。

驚くべきことに、パブロフの犬の条件反射の様な実験を、植物に対して水や光を与える時に「音を聞かせる」などして行うと、音に対して根を伸ばすという条件反射が学習されるという結果が得られている。

これは従来の神経学的な伝達メカニズムだけでは説明がつかず、量子的な性質によって伝達され記憶や意識の場が形成されているとしか考えられない。今更ここで「植物に精霊が宿ると信じている自然崇拝だ」等と宗教チックな言葉で片づけてしまうのはナンセンスであり、意識の科学的解明の入口に近づきつつある様に思える。理論物理学者のリサ・ランドール博士は著書「宇宙の扉をノックする」（ＮＨＫ出版）の中で「意識は幾つもの層からなる複雑なもの」との考えを述べていたが、一層目の神経学的な層から、ようやく二層目の量子学的な層へ手が届こうというところではないだろうか。もしも、意識の座が量子的な性質によるものならば、素粒子レベルでは万物に意識があるという可能性も否定はできない。

意識はタキオン（光より速い仮想粒子）だという学者もいる。

普段知覚している意識とは違う意識状態では、超光速であるかは分からないが確かに速い。走馬灯という言葉がある様に一瞬で膨大なイメージをみることもあるし、夢の中では思うだけで次々と場面は展開していき距離などない。長編大スペクタル物の夢をみた時など、目が覚めて時計をみるとほんの少しウトウトしていただけで、（どう考えても時間的に辻褄が合わない）ということもある。

意識が、時間も空間も制約がなく、波動も消えない素粒子の世界と同じ量子的なものならば、臨死体験や、幽体離脱なども、物質的な制約のある現象界と量子的な非物質界の狭間で起きる臨界現象の様なものかもしれない。非物質界では、過去に存在した人間全ての意識の波動も滅することがなく、永遠の今とここに存在している。意識を持って生きる物質界の私達にも、意識のレベルでは影響が生じることがあり、だからこそ「過去世」という意識の連続帯も存在し、意識の世界には距離も存在しない為に「百匹目の猿現象※」という不思議な現象も起きる。（※芋洗いを発見した猿の群れで百匹の猿が真似する様になると、何故か離れた場所の猿集団も芋を洗い始めるという現象で、何の伝達手段もない為クォンタムジャンプ＝意識の量子的な拡張によって伝わったであろうという事例。10000㎞離れたケルト人と縄文人が同じ様な時代にストーンサークルを造りだしたのもそうした量子的なクォンタムジャンプの働きがあったのかもしれない。）

非科学とされ科学に打ち捨てられてきた未確認な事柄もやがては明らかになり、科学や宗教を超えるブレイクスルーが起き、予想もしなかった様な意識のパラダイムシフトが、何れやってくる。人類がこれ以上、進化しないはずはなく意識進化するのはＡＩや量子コンピューターの世界だけではないはずだ。

一万六五〇〇年〜古代日本人

縄文人は火山周辺の高原に聖都となる中心集落を造り、遠隔地にコミューンを点在させトレイルを形成し、１０００㎞圏以上の黒曜石の流通領域を持っていた。海を越えた流通はロシアなど大陸側にも及び、七千年前ほど前からは中心集落にはストーンサークルが造られた。黒曜石の流通といっても各コミューンが独立して交易を行っていた訳ではなく、近代で言う「配給制」現代で言う「シェアリング」で栄えていた巨大な集産国であり、縄文が巨大なのは構造物ではなく、この文化圏の意識だ。

黒曜石は刃物の材料となる石で、どこの集落でも必要で、現代でいう通貨の様に貴重なモノだったので、自国通貨の流通圏を『国』というならば１０００㎞圏の大きな領域国だったとも言える。ただし、中心集落は必ずしも黒曜石の流通で栄えていたという事ではないらしい。

中心の聖都と言うべき集落では狩猟に使う黒曜石の石鏃《せきぞく》は少なくなり、専門工房の小集落で黒曜石は加工され、遠隔の集落で石鏃は消費されていた。この事からも、各コミューンが生産部門、農耕部

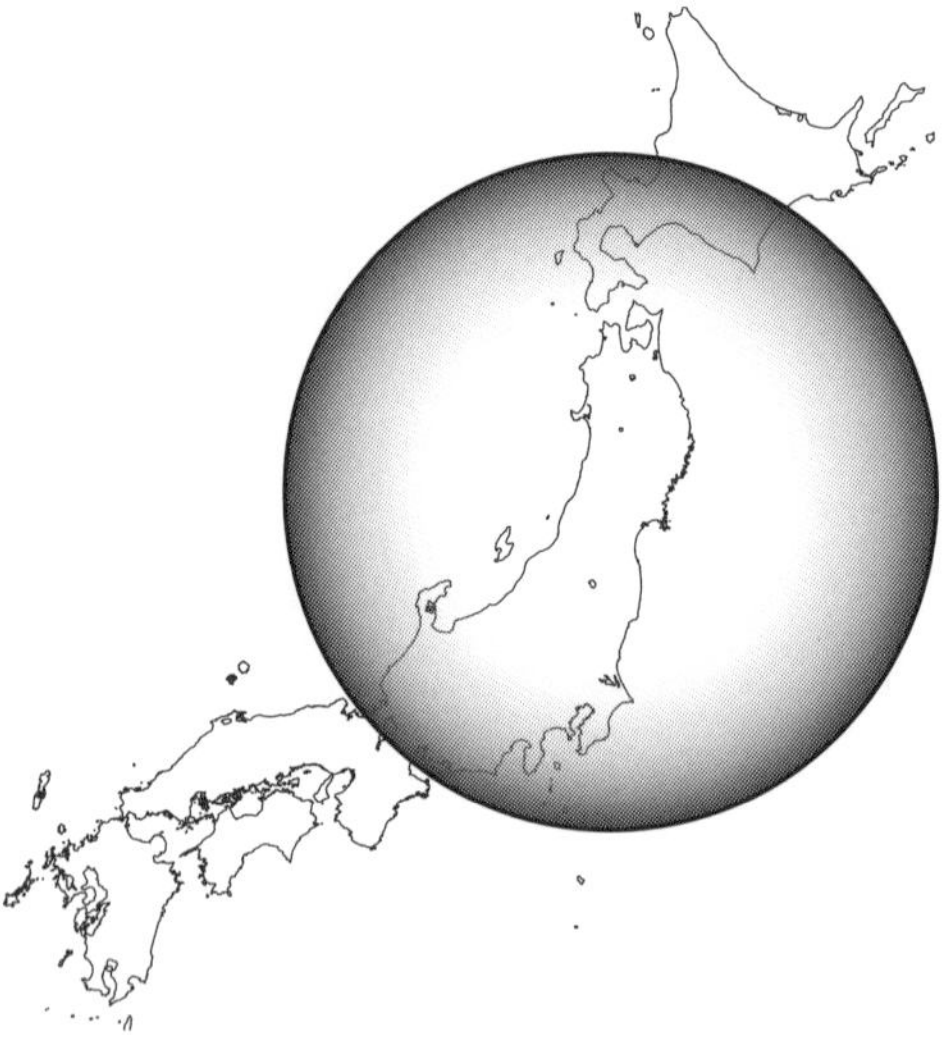

門、狩猟部門、中心地などそれぞれの役割があったことが窺える。そして女性グループが黒曜石を掘り、男性グループが狩りをした。中心集落では石鏃は少ないが、粟・稗・陸稲などの雑穀類、クリの栽培などの農耕も行われ、鋤鍬など農具や食材加工用の出土品も多数見つかっていて、農耕は盛んだった様だ。

コミューンからは、調理施設や石臼、巨大岩の共同製粉台もいくつも見つかりパン状の物を練った跡やクッキーそのものも発見されている。

サスティナブルな縄文

前述したとおり、少なくとも縄文人にとって狩猟は現代人がイメージする「不安定な収穫」ではなく、畜産よりも手間がかからない確かな収穫法として続けられてきた。農耕も手間をかけず、現代人が全て「原始的」だと思うやり方は、実は縄文人にとっては効率の良いサスティナブル（＝持続可能）な方法だった様だ。広大な領域圏と点在するコロニー、回遊性のあるキャラバンの移動と、命の円環のダイナミズムの中で、縄文人は生存可能人口と糧と命のバランスを保ってきた。

縄文農耕は焼畑農業との説もあり、焼畑農業はやはり未開の原始的農業と思われているが、実はこれも非常に理に適っていて、殆ど手間がかからない為に労働力に対する生産性が最も高い。空いた時間的な豊かさの中で人々は様々な生業をした。縄文時代に採用されていた陸稲式も手間が掛からず済むので、現代の日本でも農業者の高齢化問題により水稲から陸稲への移行が始まっている。焼畑は「移動式農耕」と言われ、焼いた畑は数年で収穫できなくなり、5～10年で別の土地に移動し前の土地が再生するとまた戻ってくる。一カ所の農作物の収穫だけが頼りで飢饉になれば飢えていた農耕民族と違い、時間と空間的なゆとりは、何か不漁不作があったとしても、何かしらが収穫採集できれば大丈夫な様に、常に食を絶やさないリスクヘッジを効率良く生み出していた。大陸文化の様に、不作→「戦い奪う」という事はなく、集産的な領域国家らしい高度な水平分配機能を持っていたという事は、戦いの無い一万年を考えれば想像に難くない。何処かに食糧難があっても１０００㎞圏の他のコロニーから調達できる様な、巨大な同一文化圏の中で生存していたのが縄文だ。

農耕民族の堅固な定住性と違い、縄文人は点住性のある大規模拡散型の民族なので、こうした水平分配を実現させるシェアリング能力が発達していった。一万数千年の間に起きた寒冷化や天変地異を生き抜く中で、栄養不良になった時期もあっただろうが、農耕民族が繰り返し体験していた旱魃や大飢饉の飢えよりは少なかっただろう。

文明とは、繁栄と滅亡を繰り返すもので縄文文化の様に長く続いたものが無い。定住と農耕が文明の基本で、巨大な構造物や都市と共に貧富の差や、支配階級と下層身分を生み出し、戦争を起こし、そして必ず繁栄した後は滅亡した。戦いは、都市国家の様な大規模集中から生まれていたとも言える。少なくともこうした大規模集中型の「人災」よりも、縄文人の大規模拡散型で体験する天災の方が長期的には遥かにリスクは少なかったはずだ。今では文明という言葉が文化よりも規模が大きい故に上位に考えられ、文化は一段劣る様なイメージがあるが持続可能な社会を考える上では縄文文化に学ぶべきところは多い。

新しいものは古いものから生まれる──Nova ex veteris

縄文は、現代でいうイスラエルの『キブツ』に似た集産社会だったのかもしれない。キブツは1948年のイスラエル建国の原動力となったコミュニティで、

集産と労働の分担、
財産の共同所有、
共同生活と共同での子育て、
脱・賃金労働化、
そして、個人に権力が集中しすぎる事が無い様に、リーダーは短い輪番制だ。経済社会との接合による改変はあるものの、サスティナブルな食糧の自給という事と、子供の人格形成については理想的な教育が行われているらしく、縄文文化との共通点は多い様だ。
人口拡散も同様で、キブツひとつのコロニーには、60人～2000人の人々がいて全国各地に点在し、大規模集中を作らずにいる。キブツは未来のサスティナブルなスタイルとして注目されているが、縄文スタイルが実際に一万年以上のサスティナブルな文化を持っていたという事も、もっと見直す必要があるのではないかと思う。

イスラエルでは2千年ほど前にも、キブツや縄文の様な共同体生活をする「エッセネ派」と呼ばれる人々がいた。キリストの母・聖母マリアと祖母アンナ、イエス・キリストが所属していたが、キリストの死後に消滅していった。こうした過去の共同体の叡智からも、また新たな共同意識の発見はあるのかもしれない。

第XII章

縄文物語・最終章

人の意識や思考は、マインドコントロールや依存症などの様に外部からの影響でコントロールを受けやすい。依存症は、脳の報酬系が反復摂取によって変化し、依存メカニズムが形成された事で思考や行動が影響を受ける「精神及び行動上の障害」だ。本人は自分の意思だと思って行動しているが、摂取行動は実は依存する脳に支配されてしまっていて思考で正当化している。「自分で稼いだ金で飲んで何が悪い」「飲まなきゃやってられない」などとアルコールを摂取する思考と行動は強化され続け、たとえ害があると分かっても抜けられない。

依存症やマインドコントロールは人為的な原因があり、なんらかの援助があれば抜け出す事は可能だが、人間は意識の座を解明している訳でもなく、意識が影響を受けるということ自体は変わらないだろう。影響の範囲がどの程度、集合的、連続的なのかは分からないが、「集合意識」「以心伝心」「グルーヴ感」等という言葉が淘汰されずに存在しているのは、決して個体のみに依るものではないからだ。

今後は、自意識でなく人為的でもない意識の世界の影響も注目されていくかもしれない。マインドフルネス※を超えて、自分意識と、意識の選択のチャンネルを切り替える様な心理技術もより求められていくのではないだろうか。意識についてのことは、人類はまだ初心者なのだ。（※思考への影響

を取り払い、今この瞬間の自分自身に深く意識を向ける瞑想法）

「自然を畏れ全てに神が宿ると信じていた。」「神に恵を祈り死と再生を信じていた。」など現代人が信じている縄文人のイメージを取り払い、意識の世界の奥行を想像する為の思考的な例文として、意識の世界で生きる彼らの心象風景を少しＳＦ物語風に綴ってみたい。

私達が理解している事柄は宇宙の５％の一部でしかなく、特に意識の事柄の多くは、私達の理解できる範囲の外側にあると思えるからだ。なので、これを理解の範疇に捉える方はいないかもしれない。実は、書いている自分もよく？　理解できない。しかし、理解できない範囲を想定しようと徒手空拳の思いで書いている。描写の拙さはご容赦願いたい。

△▼△▼△▼△▼△▼△▼△▼△▼

男が、山の登頂に立ち、遥か遠くまで連なる山々を見渡していた。

水色にかすむ空の淵の薄雲が山々との境界を隠し、

天と地がひとつの広大な世界の様に、男の目の前に広がっていた。
後世の人々が「自然」と呼んだこの美しい世界と、男の間には境界は無い。
全てが一体であり、男の意識には死という恐れもなかった。
左下の木陰から煮炊きをする煙りが数本、香りと共にたなびいていて、
眼下の右手の広場では、子供たちが遊んでいる。
愛とも感謝ともつかない想いがとめどもなく、男の心に湧いてきて、
ゆっくりと満たされていく。
やがて男は目を閉じて、五感とあらゆる感性で大いなる世界の存在を感じ、
安らぎの中に自己は漂っていった。完全に同期している。

今一度大きく息を吸って刮目し、男は意を決した様に眼下の集落へ降りていった。

「いよいよ儀式だ」

集会場へいくと磐座の周りに式典の用意がなされ、人々が集まっていた。

男はそこの中心の岩座の上に、滑り込む様にうつ伏せに寝そべった。
横には子供が生まれてきた時に祝う台座がある。

合図を送り目を閉じると、斧が降り上げられ、斧は男の腰の辺りに振り下ろされた。

想像を絶する苦痛が男を襲い、魂が無事に体から抜けるまでそれは続いたが、
体から魂が離れると、直ぐに男の意識は上へと上がった。

宇宙だ。

今度は彼は、星々と地球を見渡していた。

真空世界＝宇宙空間から、星を見渡す彼の意識は宇宙との境界がない。
広大な宇宙も男も、一つに存在している。
宇宙飛行士が、宇宙で体験するという様な、
自分と宇宙の境界が無くなるという不思議な現象を、
個であり同時に全体である意識を、彼は体験していた。
自分でありながら、自分が宇宙なのだ。
集会場の男の体からの打ち上げは無事成功した。
その成功を悟った男の全意識は、次の目的である地球へ戻る。

体の「痛み」をランドマークとして残してきたその集会場へと、再び戻っていった。

体は無い。痛みを地に残すのは、自分が戻る時に迷わずそこへ行くためのものだった。

宇宙の意識から体を持たずにそのままやってきた男は、無事に自分の場所へと辿り着くと、意識のままに人々の守護天使として皆を助けた。

集落の近くには、木立に囲まれ、水鳥と魚が満ちている美しい小さな湖があった。

子供たちがその前に集まり、魚を捕ろうとしている。

男は、子供たちが命を受け取ることを助けていた。子供たちの輪の中へ入り「皆で心を合わせ意識をひとつにする様に」と子供たちをまとめ集中させた。

魚は目の前に飛び込んできた。

男はそうして暫くはその様に「狩猟の天使」「豊穣の天使」として非物質の意識世界から人々を助けたあと、満月の夜に守護天使としての役割を終え、地を離れてもとの場所へと戻っていった。

月の神殿の様なところでパートナーである女神が彼を出迎え、再び一つとなり、
また地球のその集落へ、今度は人間として生まれにいった。

次は女の子として生まれてきた。生まれてきた彼女を見守る大人たちを見上げ彼女は
「おかえりなさい」と言った。

言葉ではなく、それが最初の彼女の意識だった。

長じて彼女は女たちのグループのリーダーとなっていた。聖なる杖を片手に、
「皆な、行くよ！」と、女たちに覇気のある声をかけ、
男たちのグループのリーダーとの打ち合わせに向かった。子づくりの儀式の確認の為だ。
男も女も斎戒を終え、神聖な儀式の準備ができていることを確認し合い
すぐに儀式は始まった。
ケルトのジグの様な不思議なリズムで、男も女も踊る。

ダンスの輪の中にいる男女はやがてトランス状態になり、その頭上に光の靄の様なものが広がっていき交ざり合う。

皆、自分と結ばれる者が最適な相手だということを知っている。

今というタイミングも出会う人も、全てが適っている存在だと知っている。

皆が、knowing「知っている」という意識の中にいる。

「ここがいい」とか「ここが嫌だ」とか相手をジャッジする心の隙間はない。

誰もが満たされていて幸せであることを知っている。

幸せな意識そのままに相手と結ばれていき、更なる高みへ上がり、聖なる儀式は、やがて終わる。

全体に満ち足りたエクスタシーがその場を、ゆりかごの様に優しく包んでいる。

「光の妊娠」「光の受胎」とか言われる様な不思議な体験をした女たちは、また子を産む。

子供を産むときは、耐え難いほどの苦痛が女を襲い、その痛みのはてに出産をする。

男が体を横たえ「痛み」を残し、体から魂を発射した集会場で、出産を祝う。

こうして命の輪が出来上がり、代々守護天使（守護神）となる存在は１５０回世をこの命の輪を行き来し人々を助け続けた。

そして、この輪を見守っている。

fin

△▼△▼△▼△▼△▼△▼△▼△▼

世界を共有する未来

物語で、最初に男が選択した儀式で腰の辺りに斧が打たれたが、失血死を狙い左足の付け根を斬ろうとして外れた。そして、痛みを置いてくるというより強い意識をその場に残し戻ってくる為のアンカリングを目的にしていた様だ。地球と痛みを分かち合った場所は、場の意識が男にとっては違い意図的にその場に特化した守護的な存在として戻っている。

痛みを残した場所に戻るとは、イエス・キリストが磔になった場所、ゴルゴダの丘に復活するエピソードを彷彿とさせられる。これは自ら死後の世界への目的を持った旅であり、生贄ではなく寧ろ「介錯」や「入滅」に近い。斧を振った者にも葛藤は無かった様だ。

縄文人の守護は、守護霊の様に子孫だけを見守るといった存在ではなく、コミュニティ全体の守護となった存在だ。それも、殉教的な思いではなく、この世界と同期して落ち着いた感覚でそれを選択していた。私達の様な、生と死との分離意識が無いようにも感じる。彼の話は突拍子もないが、死後の世界が有るとか無いとか科学や宗教によって限定的に教えられた世界ではなく、普遍的に生＝現象界、死＝非物質の世界を知り、当然の様に偏在していたという説話だ。

私達が持っている死生観は、実は科学と宗教によって分離されているのかもしれない。現代人の死生観は、科学と宗教どちらを信仰しようとも所詮は、

「充実した人生を生きる。死んだ後の事は知らない。」といった感じではないだろうか。

縄文人は育む事を大切にしていて、現代人の様なレクチャーや躾と呼ばれる調教行為ではなく、性交、妊娠、出産、育児まで生まれる前から一貫して「安心」を教え続けた。教えるというより意識で

包むといった感じだろうか。人間は意識は愛で、体は生存本能であるという二層構造があり二つの間にエゴが育つが、これにより子どもたちは愛の意識が優位の状態のままで生きることを始める。知識と知恵を自律的に活躍することを身に付け、性や命の円環を知り、そして輝かしい青年期を生き、死のサイクルへも、愛の意識と感謝で旅立つ。

誰もが生まれる前から家族で、死んだ後も皆、家族であり、なので、彼らには「他人」という言葉も無かった。

共に育った子どもたちは皆、兄弟であり、男たちは皆、父親ではなく偉大な父達で、女性達は皆、大いなる母達だった。現代人が家族を大切にする如く、たった一つの大きな家族を大切にしていた。核家族という分断意識は無く、現代人の様に他人の子の不幸を他所の家のこととして放っておくなど、とても理解できないだろう。他人や自然という分離意識の無い、全てが一つである世界が縄文意識なのだ。そして生前の信念体系は、死後の世界にも影響を及ぼす。

同じ意識の波動は死後も変わらず繋がっていて、その意識から見えるのは、眩い光の奥で光輝を放つ命の源泉の様な存在だった。そして集合意識の中でこれを見てまた、人として生まれていく。この源泉の様な存在は「神」ではなく、崇高とも思えるその存在を「命の種を撒く者」と呼んでみる。

人は生まれる前に、自分の人生を選択して生まれてくるというが、地球に生まれてくる前には三五〇回の世を計画してくるらしい。種を撒く者とは、案外三五〇回の人生をプログラミングした大いなる自己のことなのかもしれない。

終わりに

縄文人は、

生きては私達の世界にあり

死しては私達の世界にあり

命の輪の中で、この世界の一部であることを生きていた。

自律的に世界へ繋がったまま切り離されることなく、在りてある存在を生きた。

生の世界では、一人ひとりに役割があり

「自分の人生を生きてるか？」という、おはようの挨拶で始まり

「自分の人生を生きたか？」という言葉が、おやすみの言葉だ。

そして、自分の人生を生きたら、命の根源＝ソースへと還っていく。

当然、縄文文化には戦いや死刑も無かった。

人と争い戦って相手を殺しでもすれば、それは、その人が自分の人生を生きる事を害した事になる。

誰もが、自分の人生を生きる事で世界が回っているということを知っているから、人の人生を無理やり終わらせることなどしない。

これは、神に教えられたのではなく、崇拝していた宗教でもなく、誰もが知っていた。

knowing「ノウイング」という意識状態だ。

言葉や力動で伝達するのではなく、

高い意識の波動は、クオンタムジャンプの様に拡張し

誰もが、「そうである」と同時に知っている状態になる。

全て知っているという意識は、平和で安心な世界だ。

逆に言えば、平和で安心な世界とは、知っているという意識によって生まれるとも言える。

このコヒーレント（同期）から外れると、人は自ら力を手に入れようとしてあがき、束の間の平和が存在するだけの世界を獲得しようと生き抜いていく事になる。

こちらはもう、私達が、手放していく世界なのだろう。

ノウイングは、「神」と似た意識なのかもしれない。

人間は自然の一部であり、宇宙の一部で、神の一部でもある。

かつて、西洋人はこれを分離してしまい、

自然や神を、人間と切り離された対象と考えた。

そして、崇拝する対象であると思った。

私達、日本人も今はそれを信じている。分離した世界は、既に地球規模のパラダイムになってしまった。

「日本人は自然を敬い大切にする」という日本にも定着してしまったこの言葉自体、自然と人間の分離を前提としている意識からきている言葉なのだ。

今後、意識の世界が量子的飛躍をしていき世界観が拡張していく上で、

日本人が失われた縄文意識を思い出していくことはとても重要なことになる。

アフリカのタンザニアのブンジュ村の村長さんは

「二〇二五年迄に日本人が縄文の心を思い出さなければ、世界は大変なことになる」

という事を夢で教えられ、

突然、脱サラをして何故かアフリカに行きたくなったという日本人に出会いこれを伝えた。

意識の世界の拡張は、もう始まっている。

何れは日本が、世界をリードしていくことになるという。経済世界の頂点になるという事ではなく、経済におけるリーダーは相変わらず他の大国が中心となるが、日本は世界の精神性のリーダーとなる。

そして、二〇二五～二〇二七年には地球外知的生命（プラネタリアン）とのコンタクトが始まるという話もある。

今はもう、こうした事を、

オカルトやＳＦの世界のつくり事として、片付ける意識はない。
やがて現れる可能性として意識し、
天動説から地動説に変わった時の様な、
大きなパラダイムシフトが人類にやってくる時を待ちながら、
固定観念を外して、縄文の心を思い出していきたい。
縄文人たちが一万年かけて育てた心を、
史上最大の大家族たちの心を。

あとがき

誰かが作った歴史ではなく本当の日本を知りたいとの思いから、本書では過去の足跡を辿り私達の起源、日本列島の不思議を見て来る様な、過去と向かい合って多くのことを綴ってきた。
アジア世界の幾つもの流れを受け入れ、そして残してきた日本ならではの精神世界は、やがては世界の橋渡しとなる本質を備えているのかもしれない。

歴史を人の歴史に例えてみるならば、誰にでも、子ども時代の自分があり、不安定だった思春期があったり、充実した黄金期や、挫折に苦しんだ時期があったりなど、その時代その時代を、懸命に生きた自分がいて、その先頭を歩いているのが今の自分だ。

例えば、虐めや虐待、ドロップアウト、挫折や離婚した過去も、時が過ぎれば振り返らずに、大概は今の自分で前を向いて生きていく。歴史もその様なものだ。

幼稚園、小学校、大学、社会人と、日本もその様にそれぞれの時代を懸命に生きてきて、自分が幼稚園に戻る事が無いのと同じで、歴史も過ぎた過去へ後戻りするということは無い。チョンマゲの時代には決して戻れない。

縄文時代にも戻らないが、現代人の価値観の中で、縄文の心を思い出す事はできるのだろうか。昔に生きた武士の潔さや頼もしさを偲ぶ様に、縄文人が一万年かけて育ててきた穏やかで豊かな心を思い出すことはできるはずだ。

ただ、私達はあまりにも過去について知らなすぎたので、自らそのハードルを越えて、日本列島が抱いてきた過去をもう一度見直さなければならない。

本書を書くにあたって歴史に関する様々な文章を読んだが、「権威」とは何かを考えさせられる事が多かった。

地動説を唱えたガリレオを有罪として終身刑にしたキリスト教が、「地動説」を正式に認めたのはロケットが開発された後であり、二十一世紀近くになり謝罪したのは有名な話だが、それまで350年の間、誰もが教会が言う「天動説」を信じていたという訳ではない。

権威（＝権力の威信）とはその様に揺るぎの無い強固なものだからこそ人々に認められるが、逆に新たな発見を認めるには、揺るぎないが故に非常に時間がかかる諸刃の剣なのだ。

権威的な歴史は探求心のかけらも無いほど結論有りきの主張も多く、まるでガリレオの時の様に、真実を守る事と権威を守る事の軋轢が、古代史にも横たわっている様に感じた。

私達にも人生において、改めて過去と向かい合わなければならない時がある様に、日本列島の抱いてきた過去も、時間をかけてでも改めて見直す時が来ている。そうでなければ学びがなく、進めない。

本当に大切な事は何かが腑に落ちた時、持っていても必要のないものは手放されていく。

忘れてしまった、封印してしまったこと。子ども時代楽しかったこと、悲しかったこと、少年の頃の心、随分と長いデコボコ道を歩いてきたが、

置き去りにしてきた大切な何かを、思い出さなければならない時だ。

それが何か、本当に大切なことは何かを思い出そうとしている人たちがいて、この本を読んで頂けたなら、嬉しい。

平和で豊かな未来に、心を広げて共に生きていると感じる。

～「長い話を最後までお読み頂き、ありがとう御座いました。」

ジェロニモ

Special Thanks　香奈照．みんちゅう．IYU．

参考文献

前田耕作　「宗祖ゾロアスター」　ちくま学芸文庫
長浜浩明　「日本人ルーツの謎を解く」　展転社
松本清張　「清張通史・天皇と豪族」　講談社
松本清張　「清張通史・空白の世紀」　講談社
戸沢充則　「語りかける縄文人」　新泉社
斎藤成也　「核DNA解析でたどる日本人の源流」　河出書房新社
小林惠子　「西域から来た皇女」　祥伝社
小林惠子　「本当は怖ろしい万葉集」　祥伝社
小林惠子　「白村江の戦いと壬申の乱」　現代思潮新社
小林惠子　「江南出身の卑弥呼と高句麗から来た神武」　現代思潮新社
小林惠子　「興亡古代史」　文藝春秋
藤森栄一　「かもしかみち」　雄山閣
藤森栄一　「銅鐸」　雄山閣
諏訪考古学研究会　人間探求の考古学者「藤森栄一を読む」　新泉社
古部族研究会　日本原初考「古代諏訪とミシャグジ祭政体の研究」　人間社
古部族研究会　日本原初考「諏訪信仰の発生と展開」　人間社
古部族研究会　「古諏訪の祭祀と氏族」　人間社
江上波夫　「騎馬民族国家」　中公新書

柳田國男　「遠野物語・山の人生」岩波文庫
柳田國男　「海上の道」角川ソフィア文庫
河原宏　「空海 民衆と共に」人文書院
戸矢学　「ニギハヤヒ」河出書房新社
中丸薫　「古代天皇家と日本正史」徳間書店
斎藤忠　「失われた日本古代皇帝の謎」学研
斎藤忠　「消された日本建国の謎」学研
斎藤忠　「盗まれた日本建国の謎」学研
護雅夫　「遊牧騎馬民族国家」講談社現代新書
金達寿　「古代朝鮮と日本文化」講談社学術文庫
坂東誠　「古代日本ユダヤ人渡来伝説」ＰＨＰ研究所
青木健　「ゾロアスター教」講談社選書メチエ
亀山勝　「安曇族と徐福」龍鳳書房
衣川真澄「古代の謎・抹殺された史実」星雲社
川崎日香浬「お諏訪さま物語」川崎日香浬活動事務局
大貫良夫／他　世界の歴史１「人類の起源と古代オリエント」中公文庫
小川英雄／他　世界の歴史４「オリエント世界の発達」中公文庫
岡本太郎　「沖縄文化論忘れられた日本」中公文庫
谷川健一　「常世論」講談社学術文庫

谷川健一　「古代史ノオト」大和書房
金富軾／他　「三国史記四」東洋文庫
川島芙美子　「熊野の大神さま」熊野大社崇敬会
熊野大社崇敬会　「熊野大社」熊野大社崇敬会
吉田敦彦／他　「世界の神話伝説」自由国民社
吉川竜実　「いちばん大事な生き方は伊勢神宮が教えてくれる」サンマーク出版
村松大輔　「現象が一変する量子力学的パラレルワールドの法則」サンマーク出版
神保郁夫　漫画「神道入門」サンマーク出版
トマスカヒル　「ユダヤ人の贈り物」青土社
トマスカヒル　「聖者と学僧の島」青土社
竹内睦泰　「真・古事記の宇宙」青林堂
田坂広志　「死は存在しない」光文社
フランク・ウィルチェック／吉田三知世訳「すべては量子でできている」筑摩選書
吾郷清彦　「古事記以前の書」大陸書房
鳥居礼　「言霊ホツマ」たま出版
関裕二　「天皇家誕生の謎」講談社
関裕二　「古代史封印された謎を解く」ＰＨＰ研究所
関裕二　「古代史が解き明かす日本人の正体」じっぴコンパクト新書
萩原千鶴　「出雲国風土記」講談社学術文庫

竹倉史人　「土偶を読む」　昌文社
加唐亜紀　「図解古事記日本書紀」　西東社
2022・553号雑誌「目の眼」美と祈りの誕生　株式会社眼の光
司馬遼太郎　「箱根の坂」　講談社文庫
吉田邦博他　「古事記と日本の神々」　学研パブリッシング
東野治之注釈　「上宮聖徳法王帝説」　岩波書店
佐伯有清編訳　「三国史記倭人伝」　岩波文庫
北畠親房　「神皇正統記」　岩波書店
奥田清明　書き下し「聖徳太子伝暦」　世界聖典刊行協会
志村裕子訳　安本美典監修　「先代旧事本紀」　批評社
近藤敏喬　「古代豪族系図集覧」　東京堂出版

【漫画】
日本の歴史／石ノ森章太郎　講談社コミックプラス
天上の虹／里中満智子　講談社漫画文庫
日出処の天子／山岸凉子　白泉社文庫
聖徳太子／池田理代子　講談社コミックプラス
葦の原幻想／長岡良子　秋田文庫

【Webブログ】
草原から来た天皇／とし博（2015）
縄文記号の世界／武居竜生（2022）
玄松子の記憶／玄松子（2022）
東方Project／よもやまニュース（2022）
あせりファミリー歯科院長ブログ／同前宏（2023）

【Web論文】
荒井優　鳥取看護大学・鳥取短期大学グローカルセンター年報5号「出雲神話と出雲の国」～スサノオ伝説　鳥取看護大学・鳥取短期大学グローカルセンター（2022）
吉田薫　研究報告／島根県技術士会［編］「スサノオの来たみちを探る」―出雲～韓国の景観と航路（2022）
斎藤忠資　広島大学総合科学部紀要．Ⅲ，人間文化研究　12　1-15，2003　広島大学総合科学部「時間と空間の分離を超える意識」―臨死体験に関する考察（2022）
石川友彦　大力賢次　鹿島恭子「生体情報計測技術に関する研究」第一報―植物の生育に与える磁界の影響について（2022）
李昌煕　国立歴史民俗博物館研究報告第185集「朝鮮半島における初期鉄器の年代と特質」（2022）
伊藤和行　京都大学大学院文学研究科「ガリレオの太陽黒点論―観測と理論」（2022）

日隈正守　鹿児島大学教育学部研究紀要．人文・社会科学編「薩摩国における荘園公領制の形成過程」（2022）

その他参考作品
宮崎駿監督「となりのトトロ」スタジオジブリ

聖《せい》なる国《くに》　日本《にほん》

2023年10月19日　第1刷発行

著　者　　ジェロニモ
発行人　　久保田貴幸

発行元　　株式会社 幻冬舎メディアコンサルティング
〒151-0051　東京都渋谷区千駄ヶ谷4-9-7
電話　03-5411-6440（編集）

発売元　　株式会社 幻冬舎
〒151-0051　東京都渋谷区千駄ヶ谷4-9-7
電話　03-5411-6222（営業）

印刷・製本　中央精版印刷株式会社
装　丁　　弓田和則

検印廃止

ISBN 978-4-344-94615-6 C0021
幻冬舎メディアコンサルティングＨＰ
https://www.gentosha-mc.com/